Os Códigos da Linguagem

R. Neville Johnston

Os Códigos da Linguagem

Tradução
RUBEN SIQUEIRA BIANCHI

EDITORA CULTRIX
São Paulo

Título do original: The Language Codes.

Publicado originalmente por Samuel Weiser, York Beach, ME, USA.

O primeiro número à esquerda indica a edição, ou reedição, desta obra. A primeira dezena à direita indica o ano em que esta edição, ou reedição, foi publicada.

Edição	Ano
1-2-3-4-5-6-7-8-9-10	02-03-04-05-06-07

Direitos de tradução para a língua portuguesa
adquiridos com exclusividade pela
EDITORA PENSAMENTO-CULTRIX LTDA.
Rua Dr. Mário Vicente, 368 — 04270-000 — São Paulo, SP
Fone: 272-1399 — Fax: 272-4770
E-mail: pensamento@cultrix.com.br
http://www.pensamento-cultrix.com.br
que se reserva a propriedade literária desta tradução.

Impresso em nossas oficinas gráficas.

Sumário

Dedicatória

DEDICAR ALGUMA COISA a alguém significa ser grato. A gratidão é um sinal de satisfação. Como você chama alguém que nunca está satisfeito? De ingrato. A pessoa tem um comportamento compulsivo quando perde a gratidão, ou seja, quando perde a capacidade de estar satisfeito. Como você faz para recuperar sua capacidade de ficar satisfeito? Um método possível é a privação. Veja, por exemplo, a compulsão por comida. Faça um jejum de uma semana e eu garanto que você ficará grato por qualquer coisa que venha a comer no final desse período. E digo mais: sua refeição lhe dará muita satisfação! Você faz compras compulsivamente? Não gaste dinheiro por um mês e você sentirá satisfação. Seja qual for o seu comportamento compulsivo, acabe com ele. Tenha em mente que o Amor-próprio é igual à disciplina, e simplesmente aja de acordo com isso. Gratidão x Ação = Gratisfação (satisfação ou gratificação). Depois do jejum, ou depois de acabar com o comportamento compulsivo, você pode começar do zero. Essa é a verdadeira natureza do renascimento. Eis a fórmula: Se você tem gratidão por algo, logo, isso é satisfatório. Se você está satisfeito, você tem gratidão: Satisfação = Gratificação.

Se eu fosse dedicar este livro a tudo por que sou grato, não sobraria uma única árvore de pé neste planeta. Resumirei a lista: Deus, o Universo, minha alma, meu corpo, toda a minha família, meu pai, minhas filhas, Grace e Caramai, e a mãe delas, Ariane, todos os meus amigos, todos os que comprarem este livro, todos os que sugerirem a outras pessoas para comprar este livro, todos os que participam dos meus seminários, todos os que assistem ao meu programa de tevê ("Tevê Telepática, ou seja, a tevê a que você assiste com o Terceiro Olho"), todos aqueles que *nunca mais* usarem a palavra necessidade, todos os que me amam e todos aqueles a quem amo, o que inclui, é claro, o mundo inteiro, pois eu nunca conheci nenhum ser humano que eu não tenha achado fascinante.

Prefácio

NUM DIA QUENTE DE PRIMAVERA (em 1977), estou na companhia de uma linda atriz. Estamos saindo do teatro onde contracenamos. De repente, recebo um tiro mortal. Um homem, uma pessoa totalmente desconhecida, surge à nossa frente com uma arma. Ele atira em mim três vezes. Ouvirei esses tiros pelo resto da minha vida. O que atingiu minha cabeça parece fatal.

Poucos instantes antes disso, eu estava me sentindo muito bem, ansioso pela aventura que a noite iria proporcionar. O ar está quente e úmido. Quando chegamos ao alto da escada daquele teatro subterrâneo, um homem vem diretamente em nossa direção, com um revólver cromado na mão.

Supondo tratar-se de um assalto, começo a procurar minha carteira. Em seguida, só o que vejo é um buraco em minha camisa nova de seda. Olhando para a ferida, penso: "Veja, aquela é a derme, a epiderme, uma camada de gordura nojenta, o músculo. Puxa, eu tenho músculos! Aquele buraco escuro deve ser o interior do meu estômago."

Olho para cima para ver o que está acontecendo. Uma segunda bala atinge o meu quadril e ricocheteia na direção da minha perna esquerda.

Até hoje, ela ainda está lá. De onde será que elas estão vindo? Quando olho na direção de onde vieram as duas primeiras balas, vejo uma mecha de cabelos caindo na frente dos meus olhos. A bala que atingiu o meu crânio cortou os folículos em sua trajetória através do couro cabeludo e dos ossos da cabeça. Sinto o sangue jorrando e escorrendo pela minha testa. Não sinto nenhuma dor.

O homem está fugindo. Fico ali parado, vendo-o desaparecer em meio à multidão que está na frente do teatro. Olho para baixo e vejo um corpo caído no chão. Está usando as minhas roupas, deitado numa poça de sangue, sem mover os olhos. Humm... Sou eu!

Digo para mim mesmo: "Puxa, essa é a melhor projeção astral que já fiz. Ah, talvez essa não seja a melhor hora de fazer uma projeção astral; pode ser que haja alguma restrição quanto a eu voltar ao meu corpo." Percebo que há um alarme tocando. Na verdade, muito alto. Humm... É o sino dos exercícios de incêndio da minha velha escola... Tocando aqui? Quando percebo que isso é apenas uma "fita de vídeo da minha memória", o sino pára de tocar.

O pensamento seguinte é: "A poeira se acumula nas partes altas." Eu nunca tinha percebido que a poeira se acumula no teto. Sei disso porque ela está fazendo cócegas no meu nariz. Durante toda a experiência, o fluxo de meus pensamentos conscientes não parou um instante sequer. Meu pensamento seguinte é que estou numa sala tomada por uma luz branca.

Eu nunca havia passado pelo túnel do qual as pessoas falam. O túnel é uma ilusão que se cria quando olhamos para a luz e depois para todo o resto. E eu estou bem no meio dessa ilusão.

Já que existe um cérebro entre mim e a luz branca, ela se transforma num anjo. Durante muitos anos, fiz várias pesquisas sobre as experiências de quase-morte (EQMs). O ser que o recebe, depois de ocorrida a sua morte, depende do seu sistema religioso. Caso você seja pagão, ele pode ser Caronte, com sua barca de travessia do rio Estige. Pode ser o seu avô, ou algum membro idoso do seu clã, se você adorar seus ancestrais, como nas tradições chinesas e dos ameríndios. Xamãs que já fizeram a passagem assumem o papel de fazer as saudações em muitas culturas tribais. Independentemente de quem você encontrar, será alguém com quem você se sentirá perfeitamente seguro.

O ser que está me recebendo tem os olhos azuis mais claros que eu já vi. Vamos chamá-lo de São Pedro. Ele está literalmente folheando um livro, o livro da minha vida, o meu arquivo. Imediatamente, começo com o "Ritual da Culpa", dizendo: "Olha, talvez eu não esteja fazendo o melhor trabalho possível lá embaixo, em vista de meus talentos e das circunstâncias. Além disso, sou filho único e, se minha mãe souber que morri assim, baleado, isso poderia matá-la. Não há nada que possamos fazer?"

Ele diz: "Fique frio!" Meus anjos falam comigo usando uma espécie de linguajar das ruas. Imediatamente, interrompo o Ritual da Culpa e fico em silêncio. Sinto uma profunda calma. Sinto uma grande segurança. Ele me explica que a vida que eu acabara de viver fora apenas mais uma troca de roupas. Ela poderia facilmente ser colocada de lado, querendo dizer, com isso, que a vida é só mais uma faceta da minha alma principal – um outro aspecto do ser maravilhoso que eu sou.

Ele disse algo que, na hora, me pareceu ir muito além do meu sistema religioso. Ele disse que o pessoal lá do céu gosta de muitas coisas em mim. Eu compreenderia se "eles" gostassem de alguma coisa, mas gostar de muitas coisas? Estou perplexo! Do que será que eles poderiam gostar em mim?

Quando aquela alma atirou em mim, eu a perdoei imediatamente. À medida que as balas entravam no meu corpo, eu pensava: "Se essa pessoa tem um pai, ele deve ser alcoólatra." Não consigo acreditar que ela possa alguma vez ter tido a experiência de ser amada, e, com certeza, não durante a infância. Eu conseguia sentir pena daquela alma por ela ter escolhido esse caminho na vida.

Lembro-me de parte da lição. Lembro-me de perdoá-la, de não querer vingança, de não exigir uma *vendetta*. Tento imaginar o que mais?

Em seguida, numa fração de segundo, São Pedro me mostra outras cinqüenta vidas nas quais eu dancei com aquela alma. A primeira ocorreu numa época em que os humanos eram divididos em clãs. Está escuro e faz um frio típico do inverno. Estamos numa caverna aquecida por uma fogueira central. São tempos difíceis no que se refere à comida. Estou mastigando um pedaço de pássaro cozido. Meu vingador está levando embora a comida. Ele dá as costas para mim e se afasta, rindo.

Lembro-me de uma pedra redonda e lisa e de como ela se encaixava na minha mão. Atinjo o meu desafeto bem na parte de trás da cabeça. Ele morre antes mesmo de tocar o chão. Ele reencarna. Ele me mata. Eu reencarno. Eu o mato. Então, ele reencarna e me mata, etc., etc.

O engraçado é que, nas últimas quatro vidas, ele me mata, mas eu não o mato. Digo: "Pedro, o que está acontecendo aqui? Deixe-me pegá-lo. Como, eu estou com um saldo de quatro? Eu tenho de derrubá-lo quatro vezes, de graça?

O que acontece é que o meu ódio por ele faz com que esse padrão se mantenha. Por isso, recrio a cena em que ele me mata nessas quatro vezes. A mensagem é: *O que você odeia, você continua recriando até que passe a amá-lo.* E, acredite-me, trago em mim um fardo maior dessas quatro vidas do que as outras, pois eu o julgo por me matar.

Por isso, estamos "grudados" um no outro. O que você julga não o abandona. Lembra-se de quando você era criança? Eu sou a borracha e você é a cola. O que você diz, ricocheteia em mim e gruda em você. Pode ser que você continue preso a alguns daqueles meninos. A não ser que você prefira perdoá-los. Não quero dizer esquecê-los. Quero dizer amá-los.

Enquanto tudo isso acontece, olho para mim lá embaixo. Vejo um riacho. Percebo que há almas no riacho, as almas com as quais eu encarnei através dos tempos, minha família de almas. Descubro que posso ser um convidado no "fluxo de almas" das outras pessoas.

Todos falam ao mesmo tempo. De início, os sons lembram uma verdadeira balbúrdia; mas, com o tempo, começo a ouvir alguns idiomas: inglês antigo, druida, algumas línguas tonais que não reconheço. E como existe um cérebro entre mim e o som, ele traduz tudo para o inglês contemporâneo. Eles dizem: "Dê uma chance ao garoto, dê uma chance ao garoto!" É um som mágico, cheio de entusiasmo, alegria e mistério. Eles pedem que se tome uma decisão permitindo que minha alma volte ao meu corpo.

"Pedro", digo, "eu verdadeiramente gosto daquela alma que deu aquele tiro fatal em mim. É impressionante o trabalho que ela faz em meu favor. Não é nada fácil abater uma pessoa cinqüenta vezes. No meu caminho, fui vítima de assassinato porque já matei em vidas passadas. No momento em que ele me mata, retira o fardo dos meus ombros e o coloca sobre os seus. É um ato de amor e nobreza."

Ele me propicia uma "Morte de Xamã", uma iniciação que muita gente opta por realizar num momento ou noutro da vida. Posso ver com clareza a projeção provável desta vida. Parece-me que é realmente muito boa. Prevejo até mesmo esse momento de júbilo, sentado aqui, compilando este livro. Eu adoro essa alma. Eu amo o buraco de bala na minha cabeça. Ele funciona como uma antena parabólica de radar. É um instrumento do meu xamanismo. Minhas lembranças dessa outra alma terminam. Eu amo essa alma. Amo-a inteiramente. Parafraseando Borg, "Ame tudo, é inútil resistir".

São Pedro diz que, embora não possa me deixar entrar no céu dessa vez, ele permitiria que eu tivesse uma "visão antecipada". Que maravilha! Dou um passo à frente.

Durante toda a vida, se você me perguntasse onde minha alma vive no meu corpo físico, eu responderia que é no meu cérebro, no terceiro olho.

Quando dou um passo à frente, sinto-me expandir a partir do coração, não da cabeça. De repente, de alguma forma, sou uma atmosfera deste planeta. Em outras palavras, estou ao mesmo tempo em toda parte na terra. Ouço provavelmente um bilhão de conversas simultaneamente. Consigo ouvir qualquer conversa que eu queira, principalmente se o meu nome faz parte dela. Tudo me parece extremamente confuso, e também novo demais. Essa "nova" forma me causa grande inquietação. Essa inquietação é percebida.

A próxima coisa de que me dou conta é que estou em cima de uma árvore, olhando para baixo. Há um passarinho tomando banho de sol. Penso: "Puxa, uma pena. É um dispositivo de captação da energia solar. Uma pena não é 'oca'. A energia entra no tubo, desce por esse espaço e entra no organismo do pássaro. É por isso que os pássaros se levantam quando nasce o sol. Não é de se admirar que eles durmam quando o sol se põe. É por isso que comem como passarinhos. Eles são pequenos dispositivos de energia solar extremamente eficientes."

É interessante pensar que, quando a energia entra no córtex do pássaro, ele sente uma enorme alegria. É interessante pensar que eu sou a alegria que o pássaro está sentindo. Alegria é amor. O pássaro está sentindo o amor enquanto toma banho de sol. Eu sou esse amor. Se você pegar qualquer coisa, quebrar e abrir, irá encontrar amor lá dentro e, pense nisso, eu sou todo esse amor!

De volta à recepção, dizem que estou diplomado. Porque me lembrei de amar a alma que atirou em mim, o ser com quem dancei durante séculos, não preciso voltar para o corpo. Na verdade, sinto certo desapontamento.

Pedro me diz que, por causa de uma lei universal, ele é obrigado a me informar de que, se for por minha livre e espontânea vontade, eu posso descer e voltar para lá a fim de me divertir. Digo a ele que paguei e que quero continuar nesse passeio incrível que se chama Planeta Terra. Puxa... Confesso que me apresentei como voluntário para vir aqui!

Enquanto me leva até a porta, São Pedro diz: "Fico contente que queira voltar para o jogo. Vamos dar a você alguns trunfos que você nunca teve." Fico olhando para a porta.

Na cena seguinte, meus olhos se abrem lentamente. Estou num quarto... num hospital... com uma agulha na veia, monitores, cheiro de desinfetante. Tenho a mesma sensação de calma. Uma enfermeira caminha junto ao pé da cama. Quando vê meus olhos se abrirem, dá uma volta brusca à minha frente. Imediatamente, eu a vejo na guerra civil. Ela é uma enfermeira. É surpreendentemente bonita, mesmo com os respingos de sangue em seu uniforme. Sinto o cheiro da pólvora de espingarda; sinto o cheiro do sangue. Sinto o cheiro dela. Da cama, vejo-me como um soldado ferido da Guerra Civil, flutuando sobre a cabeça dela. A dimensão de Guerra Civil daquela enfermeira surge e começa a se dissipar. Percebo que morri na frente dessa alma-pessoa durante a Guerra Civil. Volto à vida em frente a ela nesta vida. *Fait accompli*, uma cena se fecha no tempo. A partir desse momento, tenho a capacidade de olhar através da multidimensionalidade das outras pessoas.

Explorando minhas habilidades recém-descobertas, vejo um homem normal, usando um terno, atravessando a rua, balançando uma bengalâ. Através da interdimensionalidade, vejo-o com um hábito de monge, seguido por outros monges. É ele quem balança o turíbulo. Vou até ele e pergunto: "O senhor se lembra daquela aldeia na Itália, em 1358?"

Ele olha para mim, faz uma longa pausa e diz então, lentamente: "Sim, creio que eu tive uma vida passada nessa região." Então, eu digo: "O senhor tem, sim. O senhor se lembra de outras pessoas da sua congregação?" Mais uma vez, ele responde vagarosamente: "Sim." Nesse momento, ele me pergunta o que aconteceu nessa vida passada.

Conto a ele o que vejo nesse breve instante. "O senhor é um homem muito bonito quando recebe as ordens eclesiásticas no Vaticano. Sua primeira missão é substituir um padre que morreu 66 anos depois da ordenação. O senhor vai para essa aldeia e, aos poucos, as pessoas acabam se afeiçoando ao 'novo garoto do pedaço'.

"Depois de dois anos, veio a peste. Há muitos funerais. O senhor sempre termina os serviços com a frase: 'É a vontade de Deus.' Os parentes vão até o senhor e perguntam por que Deus levou aquela pessoa. Sua única resposta é: 'É a vontade de Deus.' Quando 75% da aldeia está morta, as 15%

restantes vão até a sua casa. Quando atende à porta, alguém o golpeia na cabeça com uma pedra. O senhor pergunta 'Por quê' enquanto eles o apedrejam até a morte. Eles não param de responder: 'É a vontade de Deus.'"

O estranho olha para mim e diz: "Rapaz, você tem uma missão." Ele me lembra tanto São Pedro que sinto até um arrepio. Eu me apresentei a esse homem nessas circunstâncias para ajudá-lo a ver quem ele é. Ele fundou a Sociedade de Pesquisas Paranormais de Wisconsin.

Um dia, ele me chamou ao seu escritório e me perguntou se eu sabia por que nos conhecêramos daquele modo. Ele diz que acabara de perceber que nunca, em toda a sua vida, dissera a alguém que essa pessoa é do jeito que é porque "é a vontade de Deus". Trabalhei com esse homem durante os sete anos seguintes.

Voltemos ao presente. Olho para mim e noto que estou escrevendo um livro. Ele também será útil para nós. Esse livro nos ajuda a partilhar uma forma muito poderosa de inglês simples e fácil.

Antigamente, eu me apresentava como professor. Venho de uma família de professores. Nos últimos tempos, tenho pensado no professor como alguém que nos entedia e então nos corrige. Hoje em dia, prefiro pensar em mim como um contador de histórias. É muito mais simpático.

Este livro poderia ter sido escrito em prosa floreada. Cada lembrança poderia ter sido apresentada em alegoria. James Redfield dominou essa forma maravilhosamente. Os índios norte-americanos sempre a usaram.

Quando eu estava na escola, sempre pegava os resumos das Cliff Notes. Eram mais eficientes. Com eles, eu podia passar mais tempo curtindo meus gibis. Creio que todos nós temos muitas coisas para ler; por isso, vou diretamente ao assunto. Este livro é escrito no formato das Cliff Notes. Na minha opinião, essa é a forma que é mais útil para nós.

Barbara Hand Clow, em seu livro *The Pleiadian Agenda**, menciona um mundo particular. Ele fica na órbita da Estrela Maia. Nesse planeta, to-

---

* Barbara Hand Clow, *The Pleiadian Agenda* (Santa Fe: Bear & Co., 1995).

da educação é feita na forma de jogos e narrativas. Minha ambição é ver a nossa Terra com um sistema educacional desse tipo. Só haverá, então, dois tipos de educadores: os "Contadores de Histórias" e os "Mestres do Jogo". Eu adoro isso! Este livro é um primeiro passo rumo a esse objetivo.

O cômico trabalha numa profissão que também tem a sua linguagem. Os comediantes brincam com as palavras. Na minha vida anterior, eu era comediante. Descobri que as pessoas só riem quando "é verdade". Mais tarde, meu lema se tornou: "Se você não conseguir rir disto, você não está curado." Uma frase boa para se pôr num pára-choque, não acham? Falar a linguagem da lucidez.

"Nós já ascendemos"
A consciência humana atingiu uma massa crítica.

Se você está lendo essas palavras, você já ascendeu. Uma fronteira foi deixada para trás. Sigamos em frente. O que fazemos, agora que ascendemos? Reconheça que você já ascendeu. Este livro trata de como falar uma linguagem mais elevada que o fará ascender ainda mais.

No momento em que ler este livro, você já estará no futuro. Normalmente, o tempo passado só nos separa de uma experiência. Uma alternativa pode ser: "Nós já ascendemos." Talvez "nós somos a ascensão" seja tecnicamente mais preciso, mas é menos compreensível.

A ascensão foi elevada a um nível planetário. A terra não teria conseguido isso sem nós. Nós não teríamos conseguido isso sem ela. [A nossa espécie e o nosso planeta têm feito um bom trabalho.] Ambos estamos fazendo um bom trabalho.

Proclamação de Emancipação

No final deste livro, você encontrará a sua Proclamação de Emancipação. Exiba-a com orgulho, se quiser. Esse é o "diploma" que rege todos os outros diplomas. Se você estiver se perguntando quem irá assinar a proclamação, pense o seguinte: "Quem é a pessoa na Terra com autoridade suficiente para me libertar?" Pense nisso. Consiga a assinatura. Quem é a única testemunha? Deus? Adivinhe quem é Deus.

A manifestação deste livro

Quando medito, eu *visualizo a forma da energia deste livro*, a forma da sua onda. Essa é a primeira forma do seu ser. Ele brilha num verde pálido e iridescente. Ele vibra numa freqüência extremamente alta. O lugar que ele ocupa também é feito de uma "substância mágica". Ele fica num altar. É um livro completo e sagrado.

O livro é mais bonito do que eu imaginava inicialmente. Eu ligo o livro ao editor e às pessoas que o lêem. Obrigado por todo o esclarecimento que ele proporciona. Obrigado, Anjos, pela sua ajuda.

Coloco luz e objetivo no livro.

Faço retinir as taças de Cristal (faço-as soar) para ligar à terra a vibração.

Ela desce e se liga à terra em 3-D.

É assim. Eu amo você... Leia o livro... Ele é realmente bom.

... E obrigado!

SEÇÃO I

Introdução

Falar a linguagem consciente

O OBJETIVO DESTE LIVRO – a razão de você estar lendo essas páginas – é lembrar que vivemos num campo quântico. Em termos científicos, isso significa que tudo está vibrando. Quando você abre a boca e faz com que uma palavra passe a existir através de sua vibração, você programa esse campo. Ele é a realidade. Os sons que você produz em sua linguagem programam a sua realidade. Este livro nos dá uma oportunidade de fazer isso de modo consciente, não como vínhamos fazendo até agora.

Nos últimos anos, houve um grande aumento no vocabulário da linguagem cotidiana. Por exemplo, só de saber que você tem uma *freqüência*, e que pode modulá-la para sintonizar diversos *canais*, isso já permite que você receba esses canais.

A ciência lembrou-se recentemente de que vivemos num universo em vibração. Tudo está vibrando. Quando falamos, estamos direcionando e concentrando vibrações. As palavras contêm um poder enorme. Elas são o centro de nossas intenções. A palavra falada sempre se manifesta. A fala cria um fluxo de vibração. Esse fluxo organiza a realidade da vida num grau maior do que podemos perceber num primeiro momento. O som é a pura essência do universo. Nós dominamos o ambiente com a nossa fala. A medicina, por exemplo, está-se voltando cada vez mais para a vibração como um método de cura. Já que estamos num universo que vibra, o método de curar é a vibração.

Ella Fitzgerald criou, com sua voz, uma onda ressonante, estilhaçando uma taça de vinho. O poder do som é capaz de muito mais do que apenas estilhaçar vidros. O som funciona em níveis etéricos. O som direcionado pelo pensamento na forma de palavras tem um grande poder. As palavras estão voltadas para a intenção, o éter e a realidade. Elas criam a realidade.

No filme "*Dune*", o herói recebeu um nome de guerreiro. Quando falava seu nome em voz alta, sua arma disparava. É disso que estamos falando. As palavras se manifestam.

À medida que nossa consciência se desenvolve, torna-se óbvio que há algumas falhas na nossa linguagem falada. Nossa linguagem tornou-se a "Linguagem da Falta". Temos sido induzidos a usar palavras que enfraquecem. A própria linguagem foi organizada de modo a expressar as coisas em termos de falta, não de abundância. Da mesma forma, a própria sociedade foi criada e funciona através do "Paradigma da Falta". A falta de dinheiro, de tempo e de amor tem sido a nossa motivação. Temos sido conduzidos pelo que parece ser uma falta.

Saímos da cama não por causa do dinheiro, mas pela falta de dinheiro. Todas as propagandas nos acusam de não termos algo. Os Estados Unidos são o país mais rico do planeta. Por que será que tem um déficit tão grande?

Esse conceito de falta leva sempre à agressão. Toda vez que falamos em falta, apenas criamos a sensação de que mais coisas nos faltam.

Até mesmo perguntar "Como você está?" implica falta. Hoje em dia, quando alguém me pergunta como vou, simplesmente respondo: "Cada vez melhor, e você?" Nós programamos essa falta, todos os dias, com a força das palavras. Quando mudamos nossa fala, toda a vida muda, seja no plano pessoal seja no planetário.

Talvez um dos paradigmas mais falsos introduzidos neste planeta seja o conceito de que tudo aquilo de que precisamos está fora de nós mesmos. Temos de sair para conseguir o que "queremos". Isso nos leva à guerra. A verdade é que tudo aquilo de que precisamos já existe dentro de nós.

Um guru da Índia gentilmente concorda em ser enterrado vivo por duas semanas. Quando o desenterram, ele nem sequer respira fundo. Ele supre sua existência diretamente do universo. Sem alimento, oxigênio nem água por tanto tempo. Ele nos lembra que já temos a VIDA dentro de nós. O que percebemos como externo a nós na realidade está dentro de nós.

O idioma indiano Hopi não tem nenhuma forma que expresse o conceito de "a rocha está ali". Falar esse idioma é perceber que todas as coisas estão totalmente ligadas. Tudo é uma coisa só. Todos aqueles que fazem parte da nossa vida refletem aspectos de nós mesmos. Por exemplo: há uma língua nas Filipinas que não tem o tempo passado. Na verdade, muitas línguas "indígenas" não têm o tempo passado. Um idioma totalmente baseado no agora, que emocionante! A maior parte deste texto foi escrito no tempo presente. As partes colocadas no tempo passado foram redigidas desse modo para facilitar a compreensão.

A fala é poderosa. A palavra escrita é poderosa. Rimar palavras ativa o inconsciente. Cantar é algo poderoso. Duas vozes cantando juntas são poderosas. Um grupo de pessoas cantando e dançando juntas é ainda mais poderoso.

Ao escrever este livro, me ocorre que os anjos falam uma língua que não tem o conceito de falta, que não acredita em nada a não ser na abundância de Deus. Imaginem isso! Agora, falem e vivam isso! Peço aos anjos que me ajudem, e agradeço a eles o tempo todo.

SEÇÃO II

Padrões Negativos

Palavras que enfraquecem

NA PRIMEIRA PARTE DESTE LIVRO, eu gostaria de abordar algumas palavras que enfraquecem e que podem ainda persistir no uso comum. À medida que você ficar *alerta* com relação a elas, optando por não continuar a usá-las, sua fala cotidiana se tornará uma magnífica fonte de poder.

Deveria

Sempre que você usa a palavra "deveria", deixa subentendido que você, ou uma outra pessoa, está errado. A palavra "deveria" implica um sistema religioso que foi violado. Esse sistema está baseado na culpa. Sim, você poderia ter feito algo de modo diferente. E daí? Tudo sempre acaba se resolvendo perfeitamente bem. Por que ficar remoendo a culpa?

Quero citar aqui Al Franken, interpretando Stewart Smalley, personagem de "Saturday Night Live". Diz ele: "Lá estou eu novamente, achando que deveria fazer tudo de modo diferente." O uso de "deveria" faz com que o éter se torne pesado e lento. É preciso um esforço muito maior para fazer as coisas acontecerem quando você decreta que algo deveria ter sido feito. Essa palavra estabelece, por princípio, um julgamento. *A diferença entre julgamento e opinião está na intenção.* A intenção da palavra "deveria" é mostrar que alguém fez ou está fazendo algo errado.

Para começar, substitua-a por "poderia". À medida que você percebe que "poderia fazer algo" em vez de "deveria fazer algo", você está se libertando. Sua vida passa a ser voluntária, não obrigatória. (Afinal, todos nós nos oferecemos como voluntários para vir aqui, não é?) Depois de algum tempo, fica evidente que você está evitando se apropriar do que está dizendo usando a palavra "poderia". Você pode começar a criar sentenças voltadas para a intenção e não para a suposição. Faz mais de dois anos que tomei consciência desse conceito e ainda hoje me pego usando esse "deveria". Essa palavra é um paradigma da manipulação de culpa da Idade Média, que não funciona mais.

Espere

No instante em que você usa a palavra "espere", você coloca a si mesmo, ou outra pessoa, num estado de suspensão. Como isso é possível? Você se imagina esperando numa fila, ou em frente a um sinal vermelho? Essas situações, na realidade, são momentos de *meditação grátis.* Se você olhar para eles, não como uma interrupção de suas atividades, mas como uma oportunidade de quebrar o ritmo louco que foi imposto à espécie humana, então, a vida assume uma atmosfera mais descontraída. O seu ritmo se torna perfeito.

Parece até que, quanto mais pressa você tiver, mais sinais vermelhos encontrará. Essa é uma resposta do universo para a sua oposição ao fluxo natural do cosmos. Isso pode ser um medo irracional da falta de tempo. Todo ritmo é perfeito.

Veja, por exemplo, a espera de um elevador. Quanto mais impaciente eu estiver, mais o tempo custará a passar. Quando meu relógio pára, percebo que existe algo que ainda não está no seu devido lugar. Por que estou parando de uma forma tão incisiva? É para permitir que eu ganhe espaço? O que eu ainda não consegui? Por que estou forçando esse tipo de meditação? A resposta é: fique calmo; e quando penso na palavra "calma", o elevador aparece.

Sempre que você perceber que está numa situação de espera, o seu tempo, na realidade, só está sendo reajustado. Esses momentos de meditação grátis servem para corrigir o seu ritmo de vida.

Quando você se sente realizado, quando está desfrutando a vida, vivendo verdadeiramente o momento presente, o tempo voa. Se você estabelece um julgamento e diz que "eles" não são o que "deveriam" ser, que não estão fazendo o que querem fazer, o tempo leva uma eternidade para passar. A espera não existe. É só um lado mais obscuro da ilusão, a negação de si mesmo. *A vida é um fluxo contínuo de pontos de acesso à realização.* Tudo é uma oportunidade. Existe uma vida que vale a pena ser vivida. A expressão "*carpe diem*" não faz você se lembrar de algo?

Mas

Quando usada numa sentença, a palavra "mas" leva de volta tudo o que a precedeu. É o que acontece nas famigeradas expressões do tipo: "Sim, mas..." — como em "Eu te amo, mas..." Bem! Você me ama, ou não? Esse pensamento pode ser mais bem expresso do seguinte modo: Eu amo você, mas quando você se comporta dessa maneira, isso me perturba; eu admito que isso provoca medo em mim. Então, tento colocá-la numa condição de erro porque tenho uma disfunção; por favor, perdoe-me. Agindo assim, você está-se comunicando. Você não está afirmando que alguém está errado. Se você diz "Eu adoraria nadar, mas tenho medo da água", você está se deixando levar pelo medo.

Você está constantemente programando a realidade da sua vida por meio da fala e da intenção. Se você disse alguma coisa que gostaria de não ter dito, um termo apropriado pode ser *cancele.* A palavra cancelar desprograma o éter.

Karma

Originariamente, o conceito de karma tinha uma conotação de *quid pro quo* como um balanço. Por exemplo, se você pisasse no pé de alguém agora, na próxima vida ele pisaria no seu pé. Eu acho que você já deve ter percebido que pisarem no seu pé é um fato que pode acontecer várias vezes. Quando é que tudo isso termina? Será que pisei no pé de todas essas pessoas em vidas passadas? Provavelmente, não. Medo e karma têm sido usados para nos manipular, no sentido de fazermos a coisa certa pelo motivo errado.

O conceito de karma tornou-se um fardo. Karma, na verdade, é uma das Leis do Cosmo. É a Lei de Causa e Efeito. Nesse sentido, darma e karma são sinônimos. Todos nós já conhecemos padrões que se repetem incansavelmente na nossa vida. Lembramos a lição, mas a esquecemos logo em seguida. No instante em que nos lembramos de quem realmente somos, os padrões kármicos não são mais necessários.

Em vez de nos considerarmos presos num encadeamento kármico, inexoravelmente em débito, seguindo adiante, encarnação após encarnação, vamos nos colocar numa posição na qual nos lembremos que não estamos apenas ligados ao Divino, pois *nós somos Divinos.* Podemos pedir ajuda aos anjos para que iluminem os padrões da nossa vida. Se eles atenderem o pedido e os iluminarem, poderemos, então, lembrar a lição por meio da graça. Por favor, não se esqueça de agradecer aos anjos.

O conceito de karma é um paradigma muito antigo. Só o que você tem a fazer é concordar em lembrar a lição, sem fazer esforço. O exemplo do pé pisado é meramente uma lição de cortesia. Lembre-se de dizer "Desculpe-me", e tudo passará. De outro modo, as pessoas continuarão pisando no seu pé até o fim dos tempos, mesmo que você inicialmente só tenha pisado num único pé. Diga em voz alta: "Mudo sem esforço por meio da Graça, obrigado!"

Tentar

Tentar fazer algo é não fazer, é apenas tentar. A palavra pressupõe o fracasso. Werner Ehrhert fundou a EST seguindo esse conceito. Conseguir alguma coisa significa parar de tentar e começar a ter sucesso. Não consigo = Não vou fazer. Não consigo é uma expressão usada no universo da desculpa e da censura, não no universo da simplicidade. Por exemplo: Não vou voar; não serei curada sem dor; ou, não vou transformar chumbo em ouro. No momento em que alguém diz que vai *tentar* estar aqui, o que eu "ouço" é que essa pessoa *não vai estar* aqui. Tente substituir a palavra por empenho, esforço ou intenção (há! há!).

Precisar

A palavra "precisar" sempre diminui a nossa força. Ela nos rouba a capacidade de criar. Sempre que usamos a palavra "precisar", identificamos um medo. A palavra "precisar" nos impede de ter. Dizer que precisamos de alguma coisa significa que nós não temos essa coisa. É uma mentira. Se rezamos: "Querido Deus, preciso de dinheiro", a prece é atendida instantaneamente e acabamos precisando de dinheiro. Todos nós temos 100% do que precisamos. Fomos programados para ignorar esse fato. Quando descrevemos uma pessoa carente, estamos identificando uma pessoa medrosa. "Querer" é exatamente o mesmo no que concerne ao seu efeito. Note que toda criação começa com a decisão de se ter um desejo.

Não precisamos de amor; nós somos o amor. Damos amor, recebemos amor e pedimos amor. Tecnicamente, não temos períodos de necessidade. "Eu preciso" pode ser substituído por "Eu escolho", ou desejo, ou crio, ou – mais forte ainda – eu quero. Não "precisamos" mais ascender. A palavra "ascender" tornou-se uma barreira. Enquanto precisarmos fazer alguma coisa, ela não acontecerá. Somos elevados. Este é o único Manual de Ascensão de que você irá "precisar".

Ah! Se substituíssemos a palavra "precisar" por "criar" – Uau! Faça isso! Se pararmos de usar a palavra "precisar", nossa vida instantaneamente se tornará menos "carente".

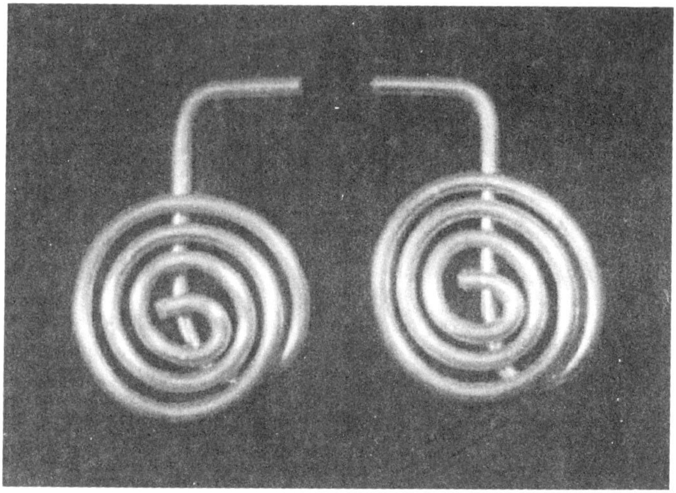

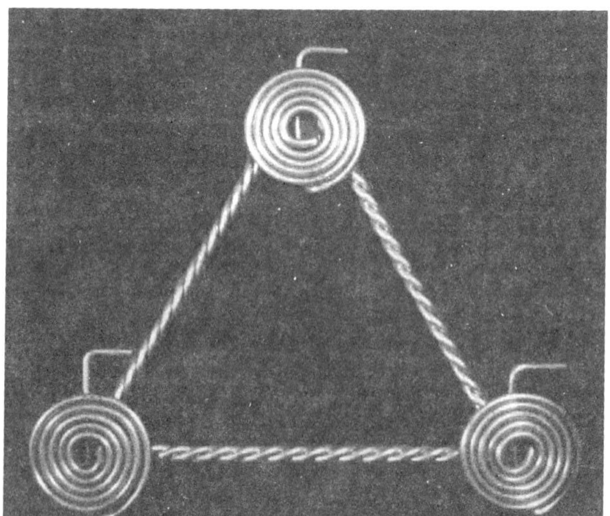

Eu acho

Eu acho que esta é óbvia. Bem, eu acho que é. Não, não é óbvia. No momento em que você usa essa expressão, está entregando o seu poder a quem quer que seja o seu interlocutor. Use "Eu sinto que", ou "Eu sei que", ou simplesmente esqueça. "Eu acho" significa, na realidade, que você não sabe. "Eu acho" é um termo que tira a força do que você quer dizer. O que você acha?

Acidente, coincidência e erro

Essas palavras não existem. Elas podem ser substituídas pelo conceito de sincronicidade. Será que, quando olhamos o universo através de um telescópio, encontramos alguma coisa "errada?" Impossível. O universo, por definição, é perfeito. Olhe ao seu redor, aqui na terra. Qual é o limite entre as coisas certas e as erradas? Esse limite não existe. Por exemplo, este livro tem elementos que parecem ser "erros tipográficos". Como? Então este tratado é a única coisa no universo que não é perfeita? Ou será que os erros tipográficos não são um ótimo pretexto para invalidar o livro, para que as pessoas não precisem se desenvolver e mudar?

Estamos constantemente programando a nossa vida pelo poder das palavras que usamos. Já está mais do que na hora de falarmos de um modo que seja mais útil para nós.

Certo ou errado não existem mais

No instante em que você transforma algo em erro, você se volta para o erro. Já que é inerente à mente humana fazer uma escolha, ter uma preferência, um gosto, um estilo etc., você tende a ter opiniões. O que você pode dizer é "ou um conceito serve a alguém, ou então não serve". Pensar em termos de erro é um procedimento que estabelece julgamentos e não nos serve mais.

Eles e nós

Não existem "eles". Só o que existe somos nós. Preconceitos de sexo, de raça e de patriotismo são o que há de pior nesse paradigma disfuncional. Nem mesmo em outros planetas poderíamos encontrar uma aplicação para o termo "eles". Estamos todos ligados. Os militares seriam, nessa realidade, a "Polícia da Moda". Se alguém não estiver usando o uniforme correto, será morto a tiros. Você não acha isso uma estupidez? Como disse Cristo: "Existe alguma coisa que não seja digna de ser amada?"

Culpa

A culpa está inerentemente ligada ao passado. Há sempre um passado no qual você "deveria" ter feito algo diferente. Bem, e daí? Sim, você poderia ter agido de outro modo, mas, no fim, tudo sempre acaba dando certo. Então, por que se preocupar? A culpa destrói. Você pode se lembrar que "amou e perdeu o seu amor", e, por causa da culpa, acabou não deixando que a amizade entre você e a pessoa amada perdurasse. A culpa destrói o amor. Você foi geneticamente programado para a "culpa". Você não é mais programado desse modo.

Na minha opinião, a culpa é o principal modo de controlar os outros. Não se trata, apenas, da mamãe e do papai; a culpa está em todo lugar. Você se sente culpado por ter feito algo errado ao estacionar o seu carro? As multas fazem com que você se sinta culpado. Na sua opinião, você não é culpado. Sugiro que você reconheça o conceito e, então, e só então, as multas serão uma coisa do passado. *Culpa é o passado da palavra medo.*

Aprender

Aqui na terra, nós apenas nos lembramos. Viemos com todo o conhecimento; só o que temos a fazer é nos lembrar. Parar de usar a palavra aprender significa eliminar o intermediário do sistema educacional. Nada é aprendido até que tenha sido "lembrado". Só o que existe é o lembrar-se.

Procrastinação

Provavelmente, você está abandonando a leitura deste item neste instante, não é? Em primeiro lugar, desculpe-me por tentar fazer com que você se sinta culpado por não ler essa seção devido ao meu último comentário. Entretanto, vamos começar. Recebemos um trabalho, ou nos impomos um objetivo. Quase imediatamente, sabemos como iniciar a tarefa, mas não o fazemos. Em vez disso, fazemos uma lista das coisas que podem dar errado, ou então nem iniciamos o projeto por medo do fracasso. Que desperdício da mente humana (é só uma opinião). Então, todo o tempo que precede o prazo final acaba sendo consumido. Momentos antes do término do prazo, o projeto se manifesta como se fosse mágica. Não estou dizendo que não seja um trabalho primoroso, mas examinemos o processo.

Uma das mais importantes subdivisões da procrastinação ocorre por meio da classificação de um projeto como um "trabalho". A partir daí, surge o seguinte medo: "Não vou desfrutar a vida, se começar." Trata-se de um grande mito. Posso sugerir a substituição da palavra "trabalho" por realização, ou exaltação do processo criativo, ou mesmo brincadeira? Trabalho = Brincadeira! Que belo pensamento! Então, a frase passa a ser: "Quando eu brincar o jogo do trabalho, estarei me divertindo e me realizando ao mesmo tempo." Não há razão para que a vida não possa ser desfrutada com o projeto em andamento. Na verdade, podemos desfrutar mais a vida quando começamos o nosso projeto, pois o prazo final não se constitui mais uma ameaça.

Como diz o ditado: "O que dá errado é sempre algo em que não tínhamos pensado." Por isso, para que se dar o trabalho de pensar no que pode dar errado? Na verdade, inicie o seu projeto, e, se alguma coisa der errado, *então, e só então,* resolva o problema. Pensar no que pode dar errado traz a possibilidade de um futuro negativo do projeto. Estar nesse futuro negativo paralisa o presente e faz com que nada seja feito. Todos concordamos que o pensamento tem o poder de criar; então, por que criamos um futuro negativo para alguém que amamos; mais precisamente, para nós mesmos?

Examinemos essa questão em termos mais simples. Nos tempos de escola, você recebe um "trabalho" para fazer em casa no fim de semana. O fim de semana é para o descanso. Sim ou não? Tenho sete anos de idade e o sistema já está me transformando numa pessoa viciada no trabalho e procrastinadora. Que tal usarmos o termo brincadeira de casa, e não lição de casa?

É assim que funciona. O trabalho é adiado na sexta, mas você fica pensando nele. Sábado também, mas você continua pensando nele. Domingo à noite, ou mesmo segunda de manhã, você faz o trabalho. O trabalho finalmente começa movido pela culpa, e não pelo desejo. Isso definitivamente não faz bem para você. Que porcentagem do fim de semana ficou para você? O trabalho tomou todo o fim de semana; entretanto, você só trabalhou umas poucas horas. Como isso é possível?

A única saída está em romper arbitrariamente o ciclo. Faça o trabalho no momento em que o receber. Na condição de "viciado no prazo final", você se torna dependente dessa estrutura externa para realizar qualquer coisa. Arbitrariamente, faça o trabalho bem antes do prazo final. Crie, então, uma semana de folga. O que você faz? Você nunca teve um tempo de folga. Provavelmente, você irá dormir! O sono sempre é roubado do ciclo (o famoso hábito de "virar a noite").

Na condição de procrastinador, a vida é constituída por uma avalanche de prazos finais. O próximo está sempre chegando. Você está sempre ligado, sempre correndo atrás do tempo. Não há paz, não há quebra no ciclo, não há tédio. Essa quebra é essencial para o processo criativo.

Você já deve ter ouvido falar que a necessidade é a Mãe da Invenção; pois saiba que o tédio é o Pai. Os irmãos Wright são um bom exemplo disso. Eles eram mecânicos de bicicletas. Eles deviam morrer de tédio. Até que um dia, um deles disse: "Eu gostaria de construir uma bicicleta que pudesse voar!" Eles usaram todas as ferramentas de que dispunham.

A aviação moderna foi criada mais por uma questão de tédio do que de necessidade. O tédio, a quebra do ciclo, é necessário; quando o tivermos, ele se tornará a quintessência. Até este momento, estivemos funcionando "movidos a bateria", sem muita recarga. Depois que se dá a quebra, ela se torna indispensável.

Para ajudar na reprogramação, eu gostaria de cunhar o termo "Quociente de Eficiência de Pensamento". Trata-se de um índice de pensamentos necessários para se atingir uma meta. Por exemplo, se você decide que quer pegar um objeto do chão, mas não o faz, o seu quociente de eficiência já se divide em dois. Você tem de recomeçar do zero, pensando a mesma coisa mais uma vez. "Levante o objeto do chão." Se pensar nisso novamente e de novo não o fizer, o seu quociente de eficiência de pensamento deve ser dividido pelo número de vezes em que pensou na ação. Esses pensamentos "desperdiçados" durante a vida acabam se acumulando e mobilizando uma grande parte do seu tempo de vida.

A essência da procrastinação reside no medo do comprometimento – não do projeto, mas, *medo de se comprometer!* Nada acontece enquanto não existe o comprometimento; essa é a verdade nua e crua. Nós fomos programados para duvidar, principalmente de nós mesmos. Temos medo de nos comprometer porque alguma coisa pode dar errado. Pergunto mais uma vez: E daí?

Na procrastinação, os processos de planejamento e execução acabam se confundindo. Planejamento é a energia feminina, e realização, a masculina. O procrastinador pode estender o processo de planejamento até ultrapassar o momento em que o processo de execução tenha sido completado. Ele pode ficar pensando em alternativas possíveis por anos depois de o trabalho ter acabado. Eu quero estabelecer uma fronteira clara entre os dois processos. Um esclarecimento sobre o botão de ligar e desligar se faz necessário. Quando passo do planejamento à ação, desligo o planejamento. É só isso. Esse botão nos é dado, e eu tenho a liberdade de aceitá-lo sem complicações.

Não que eu queira citar uma famosa empresa fabricante de tênis; mas, se você quiser uma cura simples para a procrastinação, essa cura é "Faça!" Oh, só um lembrete: amor-próprio é auto-disciplina. Muitos de nós não temos medo de morrer. Nós temos medo é de viver. Escolha esse momento, assuma agora um compromisso com a vida.

Caindo de amores

Faça-me o favor... Quando você se apaixona, você ascende, você não cai. Este é um caso em que a linguagem dá uma volta de 180 graus com relação à realidade. Você já reparou que, quando está amando, sua freqüência aumenta? Uma outra coisa que eu gosto muito de fazer é mudar o cumprimento padrão de "alô" para "Você é o meu amor", ou então "Abro o meu coração para você". Pratique algumas vezes e desfrute desse prazer. Todo relacionamento que começa assim está, automaticamente, numa freqüência mais elevada.

Raiva = falta de informação

Você já reparou que às vezes, quando você está com muita raiva, acontece de alguém entrar na sala, falar alguma frase, e todas as nuvens negras desaparecem instantaneamente? A raiva é sempre igual a uma falta de informação. Quando sentir que a raiva está crescendo, antes que a química cerebral entre em desequilíbrio e se torne acidífera, tranqüilize a mente e pergunte pela informação que você não recebeu. Ela lhe será dada. Você irá senti-la, ouvi-la. Agora você tem fé porque conhece essa informação.

A raiva significa que a sua atenção está sendo requisitada para uma questão específica. Concentre a sua atenção; "explodir" é totalmente desnecessário. Uma das coisas de que podemos gostar na raiva é o fato de ela indicar algo. Ela nos mostra o ponto em que devemos fazer algo com relação a uma determinada situação. Ela indica a hora de mudar.

Raiva = medo

Do que é que você tem tanto medo, que opta por ficar com raiva? O medo é a origem da raiva. Assim, você acaba lidando com o medo, em vez de reparar os estragos depois da raiva.

A raiva, quando não curada, se transforma num comportamento vicioso. Vício = anestesia. Vício é a lição de harmonia. Você "sabe" que precisa da substância que produz o vício para estar em harmonia. Que absurdo! Só há uma coisa neste universo que pode acabar com o seu equilíbrio. Você mesmo! É por isso que as pessoas têm problemas com o comportamento vicioso.

O ódio é um espelho

Vemos no espelho do ódio uma parte de nós mesmos. Trata-se da parte de que não gostamos ou que amamos em nós mesmos. A outra pessoa apenas reflete uma parte de nós da qual não gostamos.

Na verdade, é muita gentileza da pessoa envolvida nos fazer isso. Podemos até agradecer a ela por ter esse traço, pois, assim, não precisamos carregar em nós mesmos essa característica.

Vejam o exemplo de alguém que nos dá uma fechada no trânsito: Puxa, nós odiamos esse tipo de gente! Dormimos de noite pensando em triturar as moléculas do seu corpo. Trata-se de uma cena que se repete e que pode consumir horas e muita energia vital. Além do mais, se realmente odiamos levar uma fechada no trânsito, é bem provável que recriemos essa situação.

Odiamos o motorista por não ter prestado atenção, mas, na verdade, éramos nós que não estávamos prestando atenção. Devemos agradecer à pessoa que nos fechou por ter-nos despertado. Acredite. Nós "acordamos" depois de levar uma fechada. Além disso, o outro motorista nos propiciou uma descarga de adrenalina equivalente à de um salto com pára-quedas.

E agora odiamos essa pessoa por causa de sua falta de gentileza – como isso é possível? Corremos no meio do trânsito para alcançá-lo só para podermos fazer um gesto obsceno para ela? Por que não fazer um sinal de paz? Estaríamos dizendo: "Não vamos declarar guerra contra você por causa disso. Se você quiser guerrear, vai ter de fazer isso sozinho." Isso o deixará furioso. A mensagem é: *O que odiamos, recriamos continuamente, até que passemos a amar.*

Agressão = a mentalidade da falta, não a mentalidade da abundância

Sempre que você tiver um comportamento agressivo, é porque você está operando em falta. Isso faz com que os outros resistam. O comportamento agressivo faz com que todos os que o cercam desempenhem o papel de adversários. Isso pode não ser bom para você. À medida que nossa espécie se torna completamente desperta, não é mais preciso nem mesmo pedir. Não existe falta! O amor dos outros por você e o seu amor pelos outros sempre existiu; só que agora isso é normal.

Fraude

A mentalidade de manada está presente em TODOS nós. E nessa mentalidade, toda essa coisa "moderna" de consciência não é real. Por isso, uma parte de você acredita que você é uma fraude. Isso faz com que fique impossível, de certa forma, ganhar dinheiro se você optar por realizar "trabalhos com a luz". Na realidade, "brincadeiras com a luz".

Pessoalmente, o seu autor escreveu a seguinte afirmação:

> É seguro para mim não mais me considerar uma fraude. Eu não sou mais uma fraude. Reconheço que não sou uma fraude. Eu sou autêntico.

Uma vida sem medo

O que é mais fácil? Assinale a alternativa.

- ❑ Uma vida com medo
- ❑ Uma vida sem medo

Se você assinalou uma vida com medo, isso mostra bem como você foi programado, treinado, incentivado e geneticamente concebido a ter medo do desconhecido. Entretanto, você sempre tem muita curiosidade. Explorar faz parte da sua natureza.

Você está percebendo agora que um curto circuito perfeito foi instalado no seu antigo modo de pensar. "Desconhecido = Mal." Essa cláusula foi criada para dificultar o despertar das pessoas. Você pode sair dessa agora mesmo. Vocês todos viveram uma vida de medo. Mesmo que seja só pelo gostinho de variar um pouco, pense na idéia de uma vida sem medo.

Um sistema imunológico desenvolvido para ter medo

Imagine uma bela floresta. Árvores e animais selvagens compondo uma paisagem surpreendente. Você se sente seguro, forte, vivo! Agora, imagine uma cena urbana: sirenes, pessoas com raiva, concreto sob os pés etc. Há uma diferença enorme. Essa diferença é a presença do medo. Essa é a verdadeira forma de poluição. Formas de pensamento, por exemplo, que ocorrem junto a estradas onde há passageiros indo para o trabalho, todos com os mesmos pensamentos negativos na mesma hora, todos os dias, na hora do *rush*.

Na floresta, as árvores levam, sem dificuldade, a energia negativa de volta para a Mãe Terra. Se você deixar uma bateria de carro sobre a terra, ela não descarrega. Se você deixá-la sobre uma placa de concreto, ela se perde rapidamente.

As novas cidades cobrem a terra com 130 quilômetros quadrados de concreto. As vibrações do medo se acumulam e se intensificam. O medo é apenas uma programação. Não é um estado natural verdadeiro. Ele existe do lado de fora de você e, por isso, você pode parecer sujeito a ser contaminado por ele.

Antigamente, todos levavam uma vida de medo. As pessoas tomavam um número surpreendentemente grande de decisões na vida baseados no que poderia dar errado. Então, nos lembramos que Medo = Ficção. *Todo o medo é a mesma coisa.* Para começar, entenda como o medo funciona. O objetivo é se lembrar de como reconhecer um pensamento de medo. Na verdade, todo medo é composto pelo *mesmo pensamento. Todos eles criam em nós um futuro escuro. Na verdade, não estamos nesse futuro. Apenas pensamos que estamos. Nossa energia vital se esgota como se estivéssemos nesse futuro. O medo é qualquer coisa que nos faz sentir mal.*

O truque consiste em reconhecer que estamos num futuro escuro e nos puxarmos de volta para o presente. Um pensamento escuro no passado é chamado de culpa. Culpa é o passado da palavra medo. A culpa sempre acontece no passado. É onde somos torturados pelo que poderíamos ter feito. Tudo acabou dando certo, de qualquer jeito. O medo é sempre o mesmo. Na verdade, aquilo que tememos não está acontecendo; estamos apenas pensando na sua possibilidade.

Pensamentos de medo sempre esgotam nossa energia vital

Uma boa notícia: temos um presente para você. Chama-se BOTÃO PARA DESLIGAR O MEDO. Sete anos atrás, resolvi que um grupo de células do meu cérebro exerceria uma única função. Elas tinham que me alertar quando eu estivesse tendo um pensamento de medo. Elas eram disparadas e eu me lembrava que devia voltar ao momento presente. Aconteceu que, depois de elas dispararem cerca de dez vezes seguidas, eu saía do presente com a mesma velocidade e voltava a ter medo. Eu tinha de desligar, ir dormir. Achei que o meu cérebro estava "quebrado". Parecia que ele só era capaz de gerar pensamentos de medo. Que mentira!

Os períodos de tempo em que não tenho medo estão ficando cada vez mais longos. Essas recidivas de ataques de pânico, tristeza, depressão etc., têm uma duração muito curta; esses problemas desapareceram quase que por completo.

Assim que você perceber que está tendo um pensamento de medo, desligue-o! Entender melhor o medo significa entender que o que existe é apenas um pensamento de medo. Ele é chamado de A GRANDE MENTIRA. Toda mentira que você já contou ou ouviu está baseada na Grande Mentira.

O medo sempre se baseia num profundo sentimento de inadequação. Nós, seres humanos, há muito tempo funcionamos a partir da falsa premissa de que existe algo de errado com cada um de nós. Falta uma parte em cada um de nós. O quê? Que faltamos um dia na escola? Nunca conseguiremos recuperar essa peça que sumiu? A Grande Mentira é: "Eu não sou adequado."

No próximo parágrafo provarei que isso é uma mentira. Está pronto? Você sempre conseguiu lidar com tudo o que criou para si mesmo. Você não é, nunca foi, nem nunca será inadequado. Ponto. Você sempre resolveu tudo. Essa mentira, por sua própria escolha, não nos governa mais.

"Não sou adequado" é uma adulteração do código que dá a cada um de nós um acesso particular ao pensamento de Deus. A sentença verdadeira, a "Grande Verdade", é simplesmente "EU SOU", ou "EU SOU O QUE SOU."

Na realidade, o medo não está acontecendo: As pessoas deste planeta são educadas para ter muito medo. O medo é o próprio vício. Nós nos viciamos no medo. Optar por avançar ousadamente rumo a uma vida em que não há medo é o mesmo que acabar com o medo como fomos ensinados a pensar. Deus é divertido.

Fomos educados para sentir medo: Neste livro, temos falado sobre como os pensamentos se manifestam. Você já reparou que os pensamentos de medo não se manifestam tanto assim? Para onde vai a energia? É a nossa energia vital, esse medo. O que acontece com ela?

Na verdade, ela é alimento. Alimento para seres obscuros de outra dimensão. Eles não precisam da raça humana como alimento. Eles simplesmente não percebem. Abençoados sejam.

Não é por acaso que fomos criados com tanto medo assim. Tudo foi bem planejado. Fomos geneticamente concebidos para ter lágrimas, depressão, raiva etc. Nossa espécie foi desenvolvida de duas hélices de DNA para doze. É só pedir, e está feito.

Senhoras e senhores, éramos comida. Nossos pensamentos de medo costumavam alimentar uns seres desagradáveis. Paramos de alimentá-los, e eles se foram. Treine a si mesmo quanto a abandonar esse vício chamado medo. Além do mais, *ter medo é chato.*

Os monstros do controle estão acabando com o seu sossego?

Qual é verdadeiramente a única coisa que pode controlá-lo? Resposta: você! Deixe-me formular essa pergunta de outro modo: Qual é a porcentagem da sua vida que você cria? Se a sua resposta é 100%, você merece os parabéns. Você é um Mestre "ancestral".

Valentões. Eles não são engraçados? Você alguma vez viu algum valentão atacando alguém? Os valentões nos arrancam mais do que o dinheiro para o almoço; eles nos levam o nosso *maná* (nossa energia vital). A primeira coisa que um valentão faz é julgar alguém. Em seguida, eles esperam que você aja como se fosse culpado. Então, por um processo que você mesmo criou, eles sugam toda a energia vital que você tem à sua disposição caso opte por desempenhar o papel de vítima. Então, você opta por deixar que os outros o "controlem". Na verdade, você continua controlando a si mesmo. O princípio do valentão só funciona com a sua total cooperação.

Não é tanto uma questão de ser espancado; são as horas que você fica remoendo isso em sua mente, a mesma cena, repetindo-se incansavelmente. Chato, você não acha? O que você pode fazer a esse respeito? Como pode acabar com essa cooperação? Como fazer para que ela desapareça? Como amá-la?

Entrar na consciência de dimensão superior significa triangular, despolarizar (i. e., pôr em equilíbrio, por exemplo, os conceitos de certo e errado). Esse processo envolve a observação a partir de um ponto mais elevado, como se estivéssemos olhando um enorme símbolo de yin e yang. Então, tudo está perfeitamente no seu lugar, compondo a alegria da plenitude. Nessa luz, uma coisa não é nem certa, nem errada; ela simplesmente é.

Todos nós temos a nossa verdade individual. Esse estudo do nosso universo bipolar pode ser mais eficaz se considerarmos que os dois pólos são o amor e o medo. Isso se aplica a toda a terminologia com que temos familiaridade: eles – nós, masculino – feminino, bom – mau etc. A raça humana vibra constantemente entre esses dois opostos. Primeiro amamos, depois odiamos (e destruímos); então amamos novamente (e reconstruímos). O exemplo do relacionamento com nossos pais no decorrer da nossa vida pode exemplificar muito bem esse conceito.

Se nós, como espécie, nos lembrarmos do segredo de que *o mestre sempre sabe que tudo já aconteceu da maneira correta*, ocorrerá a aceleração evolucionária! Quando nos lembrarmos do segredo de que tudo já se resolveu perfeitamente no presente, passaremos a viver num paraíso na terra.

Como podemos funcionar em plenitude? A nós é permitido estar onde estamos na nossa curva individual de aprendizado. Principalmente, ser nós mesmos. Todos nós somos perfeitos exatamente do jeito que somos. Agora, podemos pensar de uma maneira muito mais livre. Agora, estamos em condição de lidar com as pessoas sem julgá-las erradas.

Todos os controladores estão operando a partir do seu próprio medo. Esse medo está relacionado com a sua incapacidade de controlar a si mesmo. É aqui que está a compaixão.

Uma chave para a compreensão da cura, a resolução da *batalha do controle externo*, está na compreensão de que se trata, na verdade, de uma *batalha interior do controle*, perfeitamente externada como nossa vida. Tudo o que percebemos através de nossos sentidos neste exato momento representa um aspecto de nós mesmos. Sem exceção. O brilhantismo desse tratado é o nosso brilhantismo. Do mesmo modo, as coisas que não gostamos de ver são partes de nós mesmos que não gostamos de ver. *O único controle que existe no universo é o controle interior* (*autocontrole*). Os que estudam a filosofia Zen expressaram isso com perfeição no *Esho Funi*. Dentro = Fora.

Pode ser inútil tentar mudar qualquer coisa no mundo exterior, pois ele só irá refletir perfeitamente o mundo interior. Por isso, o único trabalho que pode ser feito é o que se desenvolve em nós mesmos, no nosso interior. Como diz aquela velha canção de música *country*, "Onde quer que você vá, é lá que você estará".

Sempre que surgir uma discussão, sempre que você "morder a isca", acabará ficando preso numa armadilha de um contra-senso exterior. O que se deve fazer é examinar, primeiramente, a sua estrutura interior, a fim de descobrir a verdadeira natureza do conflito a que você foi exposto. Quando isso se desenvolve no seu pensamento, torna-se óbvio que ninguém está errado. Você estará em condições de agradecer aos que desempenham o papel de valentão, pois eles o ajudaram a ver o que está acontecendo interiormente.

Quando você trabalha com amor,
o seu lado de dentro cria o seu lado de fora.
Quando você trabalha com medo,
o seu lado de fora cria o seu lado de dentro.*

— *Drunvalo Melchizedek*

* Drunvalo Melchizedek, numa apresentação durante o Earth Sky Workshop em Baltimore, Maryland, no dia 13 de dezembro de 1997.

Todos esses conceitos foram perfeitamente ilustrados num episódio de *Jornada nas Estrelas* em que Worf (o klingon) e sua namorada, Jadzea Dax, estavam indo passar férias no planeta do prazer. Worf estava muito mal-humorado e criticava todo mundo no planeta por estarem se divertindo. Ele chegou até a desalinhar a grade do tempo, fazendo com que literalmente chovesse durante um desfile do qual todos participavam. Na verdade, o verdadeiro medo de Worf era o de que, se ele se divertisse, mesmo que fosse só um pouquinho, perderia o controle de si mesmo. Se isso acontecesse, ninguém estaria a salvo. Ele exteriorizou isso perfeitamente. As outras pessoas tiveram dificuldade para brincar com ele.

Todo medo é o medo da separação

Emoções são iguais a energia em movimento. Medo e emoção são duas coisas totalmente diferentes, mesmo que ambas sejam compostas de energia em movimento. Tristeza, raiva, depressão, solidão, ódio, ganância, inveja, luxúria e frustração são emoções de medo. Isso significa que não são emoções de verdade, pois são apenas medo, e todo o medo é a mesma coisa. Todo medo está relacionado com o fato de que você se sente, de alguma forma, inadequado.

Tristeza é o medo de que as outras pessoas não compreendam aquilo por que você passou. Depressão é o medo que você tem de saber que irá mudar. Solidão é o medo da separação. Como é possível estar só quando você tem a si próprio, guias, anjos etc.? Ganância é o medo que você tem de nunca ter o suficiente. Inveja é o medo do desequilíbrio, de que alguém tenha mais do que você. Luxúria é uma combinação de todos os medos, e se manifesta por meio do impulso sexual. Frustração, viver correndo e preguiça são manifestações do medo do tempo. Toda vergonha é o medo de que os outros venham (ou não venham) a reconhecer a sua verdade. Confusão é o medo do fracasso. Apatia é o medo de que, se você se importar com algo, ou com alguém, venha a se tornar vulnerável e, portanto, possa se magoar.

Para poder viver o amor, você deve estar disposto a correr o risco da dor. Quando toma parte no amor, você vive. Senhoras e senhores, façam suas apostas! Quando você toma parte no medo, você morre.

Emoções – sim! Que tal amor, alegria, felicidade, inspiração, adoração – você está sentindo o seu corpo emocional curado? Diga em voz alta, clame como o pastor pentecostal: Sim, SIM! S – I – M!!! Ó Deus! Sim!!!!

O Quadro da Ausência do Medo

- Treinamos nossa mente para reconhecer os pensamentos de medo. Não sou adequado. (Não vou conseguir lidar com isso.)
- Medo é qualquer pensamento que nos faça sentir mal. Nosso corpo reconhece o medo com facilidade. Ele tem mais de um trilhão de disfarces.
- No instante em que o medo é reconhecido, ele é suprimido. Sua energia vital volta.
- Destemor não é sinônimo de estupidez. Nós afirmamos que o medo tem muitos disfarces.
- O medo é entediante.

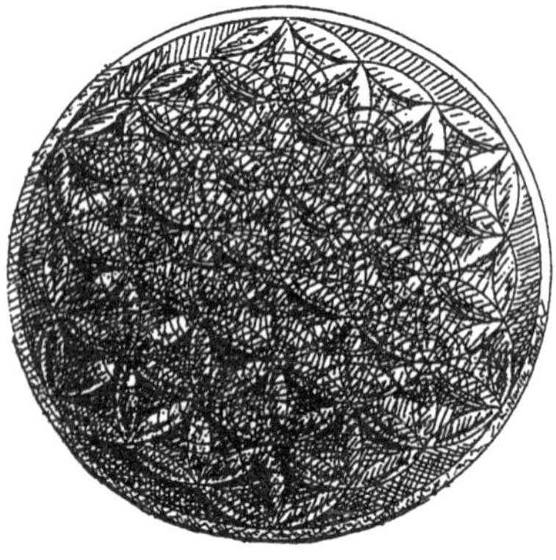

Esposa, marido, casamento – tudo = morte/escravidão

Todos nós já tivemos tantas vidas passadas que essas palavras, esposa, marido, casamento, acabaram se associando com frustração, confusão e falta de realização. Quando me torno marido ou esposa, acabo me escravizando até a morte. Esse é o paradigma da "mentalidade de manada", e é um mito.

As crianças apresentam alguns dos melhores modelos de comportamento que existem. As crianças no parque concordam com a idéia de que serão companheiros (i. e., companheiros de brincadeiras). Esse acordo é feito sem que haja um prazo de término predeterminado. Quando acaba, eles sabem disso. Desse momento em diante, nossos amigos podem ser chamados de companheiros de brincadeiras, até que outras escolhas sejam feitas.

A forma como tem sido: você os encontra, gosta deles, ama-os e se livra deles. Até o despertar, é assim que funcionam todos os relacionamentos românticos adultos. Os outros começam a chegar perto disso. Você se sente inseguro, escravizado; então se afasta da pessoa que ama.

Para acabar com esse mito, permita-me fazer uma pergunta: Qual é a única coisa que o controla? Está bem, digamos que somos militares e que eu lhe ordene que execute alguém. Quem se encarrega da execução? A resposta é: você é o único que controla a si mesmo. Não é Deus, nem o livre-arbítrio. Você é o único que controla você. O seu cônjuge consegue controlar você? É claro que não. Por favor, admita esse conceito.

Olá! Meu nome é Neville e eu sou um viciado em dúvidas em fase de recuperação. Eu acho (pausa para rir)

Sei que não sou mais viciado em dúvidas. Sobrevivi a esse vício. Agora, sobrevivo na minha condição de não-viciado em dúvidas. É seguro não ter mais esse vício.

Eu não duvido.

Bem, às vezes.

Ahh ... a dúvida é a lembrança de um discernimento.

É circunstancial, específica, depende...

A dúvida era uma barreira.

A dúvida não é mais uma barreira.

Açúcar

A minha vida é bem doce, obrigado. Não tenho necessidade de suplementos dietéticos.

Alguns anos atrás, no primeiro episódio de "Deep Space Nine", havia um personagem chamado Tausk. Ofereceram a ele uma estada na suíte holográfica. Sua resposta foi: "Fantasia? Não tenho necessidade de fantasia. Minha vida já é a maior aventura que se pode imaginar!" Uau! Passei 48 horas na posição fetal, chorando, porque minha mulher não é a maior aventura imaginável. Percebi, então, que esse conceito é simplesmente uma decisão. Eu é que tomo essa decisão.

Algum tempo depois, volto de uma experiência de "quase-morte". Recebo um novo guia. Esse ser parece um orangotango.

Nessa hora, foi o meu corpo que se decidiu por um jejum de cinco dias. Um amigo e eu havíamos produzido quatro episódios especiais de uma hora para a tevê. Saímos para jantar. Tanto eu quanto meu corpo decidimos acabar com o jejum. Fomos a um delicioso restaurante africano. No fim do jantar, o café foi servido e eu peguei o açúcar do outro lado da mesa. Senti a mão do meu guia sobre o meu braço. Ele disse: "Minha vida é bem doce. Não tenho necessidade de suplementos dietéticos. Obrigado."

Esse guia era Thoth. Ele aparece como um orangotango. Desde então, vejo pessoas em confeitarias e fico imaginando um meio de lembrá-las de como a vida delas é doce. Quando parei de consumir açúcar refinado, percebi que uso a palavra doce para descrever muitas situações da vida, ou até mesmo as pessoas. Minha vida é bem doce. Costumávamos ter uma tendência a aceitar substitutos para o amor na nossa vida. Os envelopinhos de açúcar roubaram a doçura da nossa vida. O amor não aceita substitutos.

O mundo real – a definição de saúde mental

Muitos de nós que concordam em seguir o caminho da luz, o fazem em suas horas vagas, e então partem para fazer um trabalho "de verdade". Esse uso da língua torna a luz algo não tão real. Viva no mundo da luz o tempo todo, por favor. No antigo paradigma, a saúde mental era definida por vivermos uma vida de ódio, fazendo coisas que detestamos para poder sustentar a nós e à nossa família. Faça-me o favor, caia na real! Será que uma família disfuncional (vida), mesmo vivendo um esplendor material, significa, ainda que de longe, uma família saudável? A definição de saúde mental é felicidade. Saúde Mental = Amor. Alienação Mental = Medo.

Perdão

Pedir desculpas é a negação da sua própria essência. Desculpar às vezes é essencial para a cura. Você pode dizer que talvez não fez nenhum bem para si mesmo ou para as outras pessoas com o que você fez; mas, na minha opinião, nós já morremos de tanto pedir desculpas.

O jogo da comparação

Se você jogar o jogo da comparação, automaticamente irá perder. Peguemos o exemplo do seu autor comparando a si mesmo com Deepak Chopra. Derrota na certa! Dentre os dois, a luz do seu autor parece ser a menor. Não! Todos nós somos luzes brilhantes. Deepak pode ser um exemplo maravilhoso; entretanto, o seu autor não é menos brilhante. Eu não gostaria de trocar de lugar com Deepak, pois iria perder a maravilhosa oportunidade de ser eu mesmo!

Maçãs e laranjas, todas elas são brilhantes, e são muito úteis para nós. Sua escolha irá depender do seu estado de espírito. É isso o que acontece em qualquer comparação. Nada é "melhor"; é apenas diferente. No antigo jogo da comparação, um está certo, o outro, errado. Não é assim que acontece. Você pode preferir um, e pronto. Em tudo há um resultado em que todos ganham. Se o resultado é esse, tudo está salvo.

Para o nosso bem

Desde o nosso envolvimento com a aceleração da consciência, todo mundo afirma que a realidade que vivemos é criada (e aprovada) pelo nosso Eu superior.

Eu tenho uma opinião totalmente diferente. *É a nossa mente inconsciente que cria a realidade da vida, e não a nossa alma.* Para chegarmos a esferas superiores, precisamos antes passar pelas esferas inferiores. A mente inconsciente foi programada de um modo tão pobre que esse pequeno *faux pas* parece interpor-se a esse processo. O próprio Eu superior aprova isso, de modo que podemos nos ater à tarefa de reprogramar a nossa mente inconsciente. Por exemplo, o Eu superior aprova que desempenhemos repetidamente o papel de vítima até que nos lembremos inconscientemente de que não somos vítimas.

Os germes não fazem você ficar doente – você é que faz

Aqui na terra, usamos três métodos para nos lembrarmos:

1) *espiritualmente, 2) mentalmente, 3) fisicamente.*

1) Lembrar pelo espírito é simplesmente saber, saber pela Graça. Se nascemos sabendo alguma coisa, isso quer dizer que esse conhecimento foi recebido numa vida passada, e nós o assimilamos num nível anímico. Por isso, podemos trazê-lo à tona gratuitamente nesta vida. Por exemplo, quando eu era menino, minha mãe me disse que era falta de educação apontar com o dedo para alguém. Eu nunca fiz isso até os 32 anos. O gesto de apontar com o dedo para alguém é carregado de muita energia.

A propósito, apontar para alguém, é uma forma de intimidação ou roubo de energia, na qual as palavras fracassaram no seu intento de impor a vontade de uma pessoa sobre outra. Está na hora da manipulação eletromagnética do campo de energia etérica. A condução dessa energia através do dedo indicador é a primeira ameaça velada de violência.

Como aprendi a lição de apontar o dedo: Tive uma febre alta e depois hipotermia. Meu corpo foi tomado por espasmos (e não era o tipo de espasmo de que gostamos).

Um dos espasmos me fez aterrissar numa vida passada, em 1813. Eu era colono num vilarejo; estava repreendendo um pistoleiro por cuspir na calçada de madeira. Estiquei meu dedo indicador e o brandi vigorosamente na direção dele. Em vez de argumentar, ele simplesmente sacou da arma e atirou em mim. Meu casaco se abriu enquanto eu caía de costas. O sangue, rapidamente, empapou minha camisa. Então, a brisa suave do outono me levou a um estado de hipotermia. Tive um espasmo e morri; isso é que é sangue frio!

Por isso, quando mamãe me disse para não apontar o dedo, essa lição veio à tona num piscar de olhos.

2) Lembrar com o cérebro. Se você não souber a lição no espírito, *será a vez de o seu cérebro lembrá-la.* Qualquer que seja a informação que você coloca no seu cérebro (livros, tevê, amigos, guias espirituais, música etc.) fica saturada com a lembrança. Seus guias espirituais não irão poupar oportunidades de colocar lembretes no seu caminho. Se fracassar em lembrar a lição com a sua mente, o que, a propósito, é uma coisa muito comum aqui embaixo, você avança mais um nível no seu processo, e chega a vez de o seu corpo lembrar a lição. Por favor, escreva num papel centenas de vezes: "É seguro para mim não mais ser pego pela minha própria mente."

3) Lembrar com o seu corpo pode ser uma situação bastante incômoda. Não vou descartar a possibilidade de que você possa se lembrar através da alegria; entretanto, o principal método de o seu corpo ajudá-lo a se lembrar é por meio da dor. Você já reparou que as pessoas que estão agonizando parecem estar mais receptivas? O que devo fazer para acabar com essa dor? Mudar o meu sistema de crenças? Lembrar uma lição! "Vou pensar nisso!" Essa resposta pode não ser útil para você; simplesmente, opte por se lembrar.

As diferentes partes do seu corpo o ajudam a aprender lições específicas. O trabalho do pâncreas é dar lições de sensualidade. Se você passar a vida toda sem aprender essa lição, não conseguindo controlar sua sensualidade, você pode passar a ter diabetes. Ah, você não está querendo ver isso; bem; cegueira é um dos sintomas de diabetes. Sim, você vai ver isso. Sim, você vai controlar a sua sensualidade com relação ao açúcar se quiser continuar vivendo. Quando o corpo recebe a tarefa de lembrar, a realidade pode parecer uma mudança, ou dor, ou mesmo uma ameaça à vida.

Qualquer coisa que tenha a ver com os pulmões é uma lição de "amor à vida". É a respiração da vida. Se você já reparou em alguém acordando, deve ter percebido que a pessoa faz uma inspiração profunda. É o corpo dando as boas-vindas à alma que está voltando de sua viagem astral. Veja o gesto de bater um cigarro num cinzeiro como uma personificação do desprezo pela vida. A alma que produz a pneumonia é a que esqueceu de amar a seus semelhantes. A pneumonia é a doença do ressentimento.

Toda dor crônica é o resultado da recusa obstinada de se lembrar uma lição. A dor na região lombar da coluna é criada quando você se volta para agradar alguém. É a lição da felicidade. Você não consegue tornar uma outra pessoa feliz. As pessoas ou são felizes, ou não são. A sua felicidade é uma decisão que você tem de tomar sozinho; ninguém pode tomá-la no seu lugar. Você precisa superar essa vontade de "tentar" fazer alguém feliz.

Não lembrar que a felicidade *é interior, e não exterior*, pode resultar em toda uma vida de dores crônicas nas costas. Estale a coluna, o que você está esperando? O corpo fica aumentando as apostas sem parar até que ou lembremos, ou tomemos a decisão de começar tudo do zero, como uma criança; talvez uma criança com diabetes infantil.

Pessoalmente, fico feliz em ouvir falar de diabetes infantil. Significa que uma alma disse: "Alguém aí pode me fornecer urgentemente a lembrança da sensualidade?" Uma infância sem doces, isso pode nos ser útil para lembrarmos imediatamente da lição da sensualidade. É bom ver alguém "pondo a mão na massa!"

Falemos, agora, sobre o mal de Alzheimer. Nesse caso, as almas em questão passaram a vida se recusando a mudar a programação, e ponto! Elas ofereceram tanta resistência, que o trabalho de evolução se voltou totalmente contra o corpo. A primeira coisa que o corpo faz é desligar o cérebro, apagar todos os arquivos. Afinal de contas, foi o cérebro que esteve o tempo todo atrapalhando. Então, o corpo morre da doença mais previsível que poderia ter acontecido.

Como, por exemplo, um resfriado comum. O resfriado comum são férias da vida que forçamos nosso corpo a tirar. O corpo assume o controle do cérebro. Todos nós precisamos uma vez ou outra passar "um tempo desligado". Em outras palavras, o resfriado são três dias em que você se porta de uma maneira muito delicada com relação a si mesmo. Lá está você, aninhado no seu *ashram* pessoal, praticando aquela técnica de purificação em que se respira por uma única narina (preferida por 10 entre 10 iogues).

Na verdade, o que aconteceu foi que o corpo criou esse recesso. Em vez de criar esse tempo com a sua mente, ligando para o seu chefe e dizendo "Estou me sentindo muito bem hoje e achei que devia tirar um tempo livre para mim, até quinta", as férias criadas pelo seu corpo, e não pela mente, são passadas na cama, e não na praia.

Todas as disfunções do corpo são uma forma de amnésia. Você esqueceu de amar algumas partes de você mesmo.

Os leitores podem entrar em contato comigo a fim de saber sobre a causa espiritual de qualquer doença. Escrevam aos cuidados do editor. Toda doença vem do passado – um trauma não curado.

Está bem, para os cientistas mais inflexíveis eu pergunto: por que você, naquele tempo, favoreceu o crescimento daquele germe em particular? Ou seja, ao contrário dos outros milhões de germes aos quais nos expomos diariamente? Por que não na semana passada, ou na semana que vem? A resposta é: "Não reconhecer o desejo de um tempo para si mesmo" foi o que criou o ambiente.

Quanto aos germes, eles nem sequer sabem que são germes; eles são apenas algo à procura de um almoço. Nós, em nosso julgamento, os vemos como maus, e, ao fazer isso, damos mais atenção a eles do que merecem. Tudo o que julgamos gruda-se em nós. Quando julgamos os germes, nós os prendemos a nós. Afinal, eles só servem para desenvolver o nosso sistema imunológico. Todos *os micróbios são nossos amiguinhos.*

Eu tenho de dar crédito aos ciganos; eles realmente estão à nossa frente. Eles dizem que nada do que fazemos na vida é errado nem é nossa culpa; não somos nós que fazemos. Nossa vida não é responsabilidade nossa. Tudo de errado que acontece na nossa vida acontece porque alguém colocou um feitiço em nós. "$49,95 e eles acendem uma vela."

Este parágrafo é puro sarcasmo. *Afinal, nós acreditamos sempre: como é que alguma coisa que dá errado na nossa vida pode acontecer por nossa culpa? Tem de ser obra de alguma outra pessoa! (Quando adoecemos, a culpa é dos germes. É isso mesmo. Somos apenas vítimas das circunstâncias. Como é que o fato de estarmos doentes pode ter sido criado por alguém, além dos germes? Certamente, não foi culpa nossa!) Então, como num passe de "mágica", tudo na nossa vida entra nos eixos novamente. Ainda adormecidos, creditamos o mérito disso à vela do cigano ou à pílula do médico. Não há diferença.*

Por isso, da próxima vez que você ficar doente, dê um pouco de crédito a si mesmo. Você criou a doença, e não o germe. Você fez isso quando não se lembrou de alguma coisa. É criação sua, tenha orgulho dela. E não só quando você a aumenta quando liga para o trabalho a fim de avisar que vai faltar por motivo de saúde.

Perceba que ficar doente é uma decisão, nada mais que isso. Volte no tempo e determine exatamente o momento em que você tomou essa decisão. Decida-se por algo diferente, opte por se lembrar sem envolver o seu corpo nisso tudo. É apenas uma decisão; *é simples; é só fazer.*

Pensamento: conjunto de evidências

Para começar esta seção, vamos definir a palavra "cético". Esse termo indica uma pessoa que tem um grande cérebro esquerdo hiperativo e um cérebro direito bem pequenino e disfuncional. Assim, da próxima vez que ouvirmos pessoas identificando-se como céticas, agradeça-as por admitirem que pensam com a metade do cérebro. A dúvida é uma barreira contra o progresso.

Bem, nós estávamos todos levando a vidinha com o pensamento baseado na nossa experiência, no "conjunto de evidências". Ora: eu quero pedir a todos vocês que pensem no tempo em que a vida era injusta. Agora, respondam para mim se a vida é injusta. Se dissermos que "é", adivinhem só o que criamos!

Isso se chama "lógica circular". O conjunto de evidências apenas cria mais evidências, e não o progresso. Como é que resolvemos isso? A resposta é: "arbitrariamente!" "Eu, arbitrariamente, resolvo criar uma vida na qual sou apoiado por pessoas que estão despertas, uma vida magnífica, assistindo a milagres que estão acontecendo 24 horas por dia! Eu opto e pretendo investir com audácia na criação de uma autoconsciência muito mais elevada. Faço isso sem esforço, pela Graça. Agradeço a vocês, anjos, agradeço a mim mesmo. Esta é a minha realidade, apesar de o conjunto de evidências afirmar o contrário." A propósito: sempre que ouvirem a expressão "apesar de", saibam que isso é a evidência de que o autor caiu na armadilha de uma lógica circular.

Agora, se você disser algo como "todos nesta sala estão dormindo, com exceção de mim", então você terá criado um conceito "gravado-empedra". Não importa que todos os outros acordem; eles só podem estar dormindo na sua realidade. Entretanto, se você disser que "eles parecem ou aparentam" estar dormindo, então, sua afirmação tem uma conformação fluida e pode ser mudada. "Parecer" e "aparentar" funcionam como lubrificantes etéricos.

Esperança

Por que a esperança estaria relacionada com uma palavra de enfraquecimento? Se você tem fé, sabendo que tudo é perfeito, então, a esperança não é uma questão relevante. Por isso, a esperança pode ser vista como uma afirmação de dúvida. Nós, pelo menos, esperamos que sim.

SEÇÃO III

Padrões Positivos

Palavras de fortalecimento

VAMOS AGORA LANÇAR MÃO de algumas palavras e imagens muito eficazes. Comecemos com a parte computadorizada do cérebro. Insira o disquete intitulado: "Como Ganhar Dinheiro." Se abrirmos o programa, encontraremos alguma coisa do tipo: "Você ganha dinheiro trabalhando para uma outra pessoa e fazendo alguma coisa em relação à qual você não tem nenhum sentimento." Se procurarmos um pouco mais no programa, poderemos encontrar um puritano dizendo-nos que precisamos sofrer para ganhar dinheiro e, mesmo assim, uma quantia que não dá nem pra chegar ao fim do mês. Trabalho = Estar quase quebrado.

Sem esforço

Vamos jogar esse programa no lixo. Vou discutir algumas idéias e imagens ligadas ao dinheiro que irão nos fortalecer e produzir mudanças benéficas na nossa vida a partir de agora. Nosso novo programa de quatro palavras – "Vou ganhar dinheiro *facilmente*" – irá nos transformar por completo. Do modo como o antigo programa funcionava, ganhar dinheiro só poderia acontecer passando por uma brecha muito estreita. O novo programa permite que o dinheiro venha de todas as direções. Quando alguém faz aquilo de que gosta na vida, suas atividades se desenvolvem sem esforço. Quando alguém, através da vontade pessoal ("comportamento obstinado") tenta fazer alguma coisa acontecer sem estar sincronizado com o tempo, cria-se uma enorme resistência.

O tempo propício é tudo. Se este não for o momento apropriado, você pode usar toda a força de vontade que quiser, que a coisa não vai acontecer. Substitua "obstinação" pelo conceito de "permissão". O uso da expressão "sem esforço" irá apagar a obstinação, como na frase: "Eu avançava no trânsito sem esforço." Afinal, tensão é apenas atenção mal posicionada.

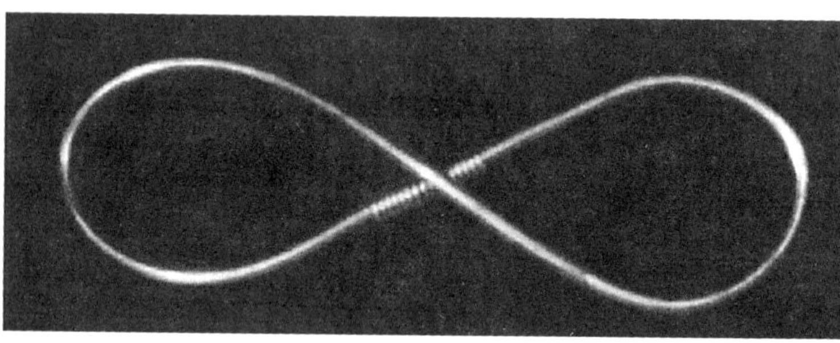

Renascimento!

Renascimento = reprogramação inconsciente. Estamos aquecidos, seguros e cercados de amor. Estamos no útero. Um dia, chega a "hora do agito". Somos empurrados para uma temperatura fria; uma luz forte é colocada nos nossos olhos novinhos em folha. Alguém com um tamanho 40 vezes maior que o nosso nos segura de cabeça pra baixo, batendo na gente. Outra pessoa corta a nossa ligação com o universo, o cordão umbilical. Enquanto tudo isso acontece, estamos sufocando com o fluido amniótico em nossos pulmões. Este é o primeiro contato com nossos companheiros de existência, a primeira programação que recebemos na vida (e, obviamente, o seu autor não está de maneira alguma com raiva disso). De acordo com esse programa, o mundo não é um lugar seguro, e todos estão querendo nos pegar. Todos nós agimos inconscientemente de acordo com essa programação até morrermos, ou até nos reprogramarmos. É por isso que ninguém se sente seguro quando a vida melhora. Nós, inconscientemente, antecipamos o trauma futuro do nascimento.

O personagem Al Bundy do programa *Married with Children* tirou a sorte grande. Ele tirou um *royal flush* num jogo de pôquer de apostas altíssimas. Quando tirou a última carta, o que foi que ele disse? Foi por acaso: "Deus, mas que sorte! Que milagre!"? Não, ele disse: "Estou perdido." Uma sorte tão grande para ele era igual a um trauma que poderia matá-lo. No programa, o jogo foi decidido de acordo com o seu pedido inconsciente.

A vida nunca mais pareceu tão boa quanto era no útero. Por isso, quando as coisas começam a ir muito bem, nós nem queremos falar sobre elas. Temos receio de conclamar a danação.

Será que conseguimos ver isso na nossa vida? Nós, que fazemos renascimento, não queremos impedir ninguém de tentar. A solução é reprogramar nossa mente inconsciente. Isso é feito com grande eficiência escrevendo frases positivas no papel. Nós as escrevemos muitas e muitas vezes, como fazíamos quando éramos crianças em idade escolar.

Querido leitor, você podia pegar um caderno para isso e escrever: "*Eu sou agradável para mim mesmo e para os outros.*" Isso dará início à reprogramação.

Renascimento é uma técnica de respiração que nos permite realmente ver momentos na vida em que um trauma fez com que registrássemos um "paradigma interno". A partir daí, uma afirmação pessoal é cunhada para eliminar o comportamento negativo subseqüente.

Por exemplo, se o médico que nos trouxe ao mundo disser alguma coisa como "de agora em diante, o bebê vai ficar bem sozinho", enquanto nos afasta de nossa mãe, para o resto da vida o paradigma interno irá afirmar que temos de fazer tudo por nós mesmos. Não poderemos receber ajuda. Todo o peso recairá sobre os nossos ombros.

A programação correta deveria ser a seguinte: "É seguro para mim receber ajuda dos outros", se esse for o caso. Em outras palavras, suponha que você tenha de fazer tudo sozinho na sua casa e no seu trabalho. Ninguém agradece nem reconhece o seu trabalho. Para corrigir essa situação, tente ousadamente o seguinte. Escreva essa afirmação mil vezes e veja se acontece uma mudança.

No meu caso, adoro usar cadernos de redação. Eles são baratinhos. Até agora, acho que já preenchi vinte deles, de capa a capa, com minhas reprogramações pessoais. Venho abolindo com sucesso um paradigma negativo interno atrás do outro. Eu escrevi: "Todo dia é o meu dia de sorte!" Isso 14 meses depois do renascimento. Hoje, eu me levanto para ver qual vai ser a sorte do dia.

Se você se sentir atraído pela idéia do renascimento, por favor, entre em contato comigo ou com algum facilitador. Assim que o contato for feito, o processo começa.

Estou feliz comigo mesmo,
estou feliz com a minha vida.

Amor-próprio = autodisciplina; disciplina = propósito

Quem educa os filhos percebe que nossas amadas crianças desejam ter limites bem definidos. Elas não têm idade suficiente para, sozinhas, definir limites. Porque as amamos, estamos dispostos a colocar e a reforçar esses limites para elas.

Vamos fazer isso para nós mesmos, como adultos. As crianças não têm idade para reconhecer, por exemplo, o perigo dos carros nas ruas. Por isso, explicamos que elas não devem correr sem olhar. Estamos dispostos a pará-las fisicamente. Aplicando esse princípio de amor por nós mesmos, é óbvio que podemos definir os limites sozinhos.

Uma vez que somos adultos, podemos escolher fazer com que esses limites sejam respeitados. Isso se chama soberania pessoal. Por isso, amor-próprio é igual a autodisciplina. A disciplina é a intenção que temos por nossa auto-realização. Disciplina é fazer com que nossos próprios limites sejam respeitos através do amor (por nós mesmos).

Amor por si mesmo e amor pelos outros são sinônimos

Tenho um amigo que viajou para o México. Ele gastou um bom dinheiro para ter uma sessão particular com Max, o Crânio de Cristal Maia. Durante a sessão, ele tinha uma esfera de cristal de quartzo no bolso.

Ele coloca a esfera nas minhas mãos. No mesmo instante passo a olhar nos olhos do crânio de cristal. Vou para "o lugar onde as crianças brincam". Ele foi montado como um templo. Nós, crianças, estamos no salão principal. Não sou a criança mais velha e também não sou a mais nova. No começo, pensei que fosse a luz do sol que estivesse brilhando entre os pilares. Descobri então que os pilares eram seres de luz, e os espaços entre eles não eram tão claros. Brincamos! Volto, aparentemente meia hora depois. Os limites entre o amor-próprio e o amor pelos outros haviam desaparecido totalmente. Se você amar a si mesmo, vai ganhar com isso; se amar os outros, também vai ganhar com isso. É tudo a mesma coisa.

NÃO

É seguro dizer NÃO! Quando você tem o seu poder próprio, é melhor você não se envolver mais no medo dos outros. Especialmente no medo que eles têm de se manifestarem. O velho paradigma era: "Se eu disser não, sou uma pessoa ruim." "Sou culpado." Não é verdade. Você é uma pessoa muito boa. Às vezes, dizer não é muito adequado.

Quando você diz não a alguém e essa pessoa opta por reagir com raiva, a verdadeira pergunta que se faz é: "Que medo é esse que leva essa pessoa a agir assim?"

É muito mais provável que a opinião que as outras pessoas têm de você seja, na verdade, a opinião que elas têm de si próprias. A opinião que os outros têm de você não é uma coisa que lhe diga respeito. Deixe-me afirmar isso de outra forma: a opinião de quem quer que seja sobre qualquer um de nós é a única opinião que conta? Dizer *não* tem a utilidade de nos desvencilhar sem esforço. *Você pode optar por fazer apenas aquilo de que você gosta.*

SIM

Dar e receber é a respiração quintessencial do universo. Quando recebemos, o mundo se torna um lugar melhor. Quando alguém nos oferece um roubo de energia e nós dizemos sim, isso pode não nos fazer muito bem. A era dos roubos de energia já se foi há muito tempo.

Já me ofereceram presentes que eu recusei. Isso é perfeito. Eu escolho os momentos para aproveitar a oportunidade de ser generoso. A generosidade é um atributo da força, e não da fraqueza. O discernimento desempenha um papel fundamental. Há momentos para ser generoso; há momentos para não ser generoso.

É seguro não estar mais enredado na nossa própria mente!

(De quem é a mente, afinal?) Nossa mente pode ser um belo lugar. Percebemos que o modo antigo de pensar não funciona mais, e resolvemos pensar de forma diferente. Se examinarmos o velho pensamento, podemos descobrir que ele não era o nosso. Era o pensamento de uma outra pessoa. Esse pensamento não funcionava para as pessoas que o deram para nós, e também não funciona conosco. Qualquer pensamento que nos faz sentir mal é um medo, uma armadilha. Lembre-se de reconhecer e mandar embora os pensamentos de medo.

Você pode optar por pensar ou não pensar em alguma coisa. Se você diz: "não consigo deixar de pensar", quem é que, na verdade, está pensan-

do? Está na hora de pensar por você mesmo. Tecnicamente, o medo costumava determinar quase todo o seu pensamento. Que chato! Invente um *shampoo* para a mente. Aqui vai uma amostra. – Por favor, diga isto em voz alta: "Mudo o meu modo de pensar pela Graça, sem esforço, obrigado."

Os quatro métodos de roubo de energia
Com agradecimentos e reconhecimento a James Redfield

1) Ah, pobre de mim! É assim que nos lamentamos por não termos o suficiente. Essa prática é mais conhecida como reclamação. Esperamos que a pessoa que nos ouve faça a sua parte e dê o seu apoio ao nosso lamento. Quando percebemos que todo o mundo já tem, internamente, 100% do que precisa, esse roubo de energia desaparece.

2) O Elitista: Esta situação acontece quando alguém não nos responde, e temos de despender ainda mais energia. Por exemplo, quando alguém não responde a um telefonema nosso. Temos de ligar mais uma vez. Trata-se do jogo da comparação.

3) O Interrogador: Alguém que afirma que estamos errados fazendo perguntas sobre coisas que não são de sua conta. Isso nos rouba energia. Quase todas as perguntas de cunho pessoal se enquadram nessa categoria, especialmente os que dizem respeito às pessoas que amamos.

Por que você ainda não terminou esse livro? Uma resposta que poderia ser bastante útil para nós seria: "Francamente, isso não é da sua conta. Se fosse, eu já lhe teria dado essa informação por minha livre e espontânea vontade."

4) O Intimidador: "Dê-me o dinheiro do seu almoço ou eu vou quebrar a sua cara." As coisas são assim desde o primário. Os valentões sempre procuram vítimas passivas. Acho que foi Mahatma quem criou a abordagem correta: "Eu não vou cooperar com você. Vá em frente! Mate-me!" A enzima que faz com que isso funcione é a fé. Se escolhêssemos a resistência pacífica, a própria situação seria forçada a se transmudar. Estamos habituados a entregar o nosso poder. Para começo de conversa, é o inconsciente não curado que atrai os valentões. Estamos numa zona de livre-arbítrio. Quando assumimos isso, nos tornamos à prova de valentões.

Este autor acredita que existe um quinto tipo de roubo de energia que se assemelha a qualquer tipo de expectativa. Se você espera alguma coisa de alguém, você cria um fenômeno harmônico entre você e esse alguém que não é útil para nenhum dos dois.

Enquanto o seu subconsciente continuar programado para responder a esse roubo de energia, você continuará se colocando no papel de vítima. A seção de renascimento fala sobre a reprogramação do subconsciente.

Os 11 principais indícios de que você já foi seqüestrado por um OVNI

11) Todos os outros integrantes do seu grupo de apoio aos seqüestrados acham que é você que não regula bem.

10) Sempre que alguém tira uma foto com *flash*, você não consegue se lembrar de nada durante as próximas três horas.

9) Seu carro faz anos-luz com um litro de gasolina.

8) Sempre que alguém grita "Olha lá, um disco voador!" você se flagra respondendo "É, eu já estive lá, já passei por isso".

7) Você não troca mais lâmpadas, pois consegue ler com a sua aura.

6) Você esfrega a testa depois de uma rajada de vento para tirar um cisco que entrou no seu terceiro olho.

5) Você tem a sensação de que passou por um exame médico, mas não consegue encontrar a conta.

4) Sempre que você toma num elevador, pede para descer naquele andar com os homenzinhos verdes.

3) Seus implantes precisam ser regados.

2) Sempre que alguém pergunta as horas, você se entrega a uma profunda meditação filosófica.

O principal indício de que você foi seqüestrado por seres alienígenas:

1) É a melhor desculpa que você conseguiu arranjar para dar para o seu cônjuge, mas, então, você começa a pensar...

Grade de cristal

Há muitos livros sobre cristais. Uma das coisas que se faz com cristal é distribuí-los pela casa de uma forma específica. Formar uma grade de cristal significa colocar as pedras numa forma geométrica sagrada específica, com uma intenção específica. Existem inúmeras aplicações. Elas formam um campo de energia tridimensional projetado para agir de uma maneira específica. Essa "maneira" é determinada pelo seu projeto.

Você pode, por exemplo, colocar quatro cristais nos quatro cantos da sua propriedade. Cada ponto do cristal é apontado em 45 graus, formando um X que cobre toda a propriedade. Então a casa (o seu espaço sagrado) é coberta pela sua intenção.

Você começa segurando os cristais em suas mãos e dizendo-lhes que tipo de grade eles devem formar. Diga a eles para criarem um espaço em que a freqüência seja mantida alta, de forma que todos os que entrarem nesse espaço sejam curados. Os perímetros do tempo podem ser alterados. Você cria a sua realidade a cada momento. Quando você altera a sua realidade, toda a realidade se modifica. Sua realidade são as suas crenças. Mude-as e todo o mundo irá mudar, uma vez que você é um criador da realidade como um todo. A única realidade que você pode mudar é a sua própria.

Se você optar por formar a grade de quatro cantos na sua propriedade, você pode fazer isso realizando uma cerimônia. Você pode, por exemplo, reunir amigos que tenham uma mente semelhante à sua. Conclame os elementos para ajudá-lo. Fogo, terra, ar e água podem ser conclamados pela lei das similaridades.

Primeiro, cave um buraco de algumas polegadas de profundidade, coloque o cristal num ângulo de 45 graus e enterre-o. (Caso você se mude, seria uma atitude ética retirar a grade.) Então, acenda uma pequena vela colocada diretamente acima do cristal. Faça um círculo em volta da vela com sal marinho. Faça outro círculo, desta vez, com água. Então, conclame o elemento ar, coloque uma vareta de incenso no círculo. Dê uma benção em voz alta.

A programação que coloquei na minha grade de cristal: a mais elevada luz, segurança, alegria, completude, escolha superior, dinheiro, Tempo Maia, que todos os que vierem aqui sejam curados. Adicione a isso todos os pedidos específicos que você quer fazer ao universo.

Encarnações alternadas

Muitas pessoas me perguntam se temos vidas passadas. Eu tive uma vida passada? Quero dizer que vocês tiveram sim! A igreja, em seus jogos de controle, está fazendo as pessoas se questionarem se tiveram ou não vidas passadas.

A pergunta mais apropriada é: Quem fui eu em minhas vidas passadas? Há certas semelhanças entre quem uma pessoa é agora e quem ela foi em suas outras vidas. Essas semelhanças e diferenças estão relacionadas com a evolução da alma.

A verdadeira essência da vida, a verdadeira evolução, está no processo de lembrar. Você escolhe determinadas lições para se lembrar a cada vida que você vive. São criadas tantas vidas quantas são necessárias para que você se lembre dessas lições. Sua vida atual é a vida em que você se lembra de tudo.

Talvez alguns padrões que se repetem na sua vida presente tenham-se tornado visíveis. Esses padrões negativos representam a programação da mente inconsciente. Olhar para uma vida na qual a programação é diferente é espantosamente útil.

A visão de vida multidimensional nos fornece o ponto de vista de uma testemunha objetiva. O grande benefício da exploração da vida alternativa é que as reações escolhidas para os padrões (programação) e ramificações das escolhas se tornam aparentes na medida em que a totalidade da vida é observada.

Outras encarnações revelam uma série de eventos que nos ajudam a revelar de onde provêm os padrões da vida presente. Uma vida futura pode reter uma lembrança particular. Podemos voltar do futuro para o presente com essa lembrança viva. Em outras palavras, se nos curamos numa vida futura, podemos ir lá e obter essa cura. Podemos fazer uma escolha diferente, ter outra reação e, na verdade, lembrar a lição que está contida no padrão.

Vamos tomar como exemplo um "coração partido". Digamos que numa encarnação passada você se apaixonou por alguém. Essa pessoa parte para a guerra. Com o coração partido, você "aguarda". No final, sua vida se torna uma "espera sem fim", e nada mais. Você acaba achando muito confortável essa condição que você impôs a si mesmo.

Você acredita que, quando a outra pessoa voltar, você atingirá novamente a plenitude. A realidade da sua vida, no entanto, é ficar sentado na frente da varanda, observando a estrada, aguardando que o seu amor algum dia apareça. Enquanto isso, quarenta anos se passam. Você volta, então, para a vida presente e acaba descobrindo, na verdade, que a mesma pessoa é mais uma vez um jogador. Seu amor por essa pessoa é novamente uma realidade, e mais uma vez ela vai embora.

Bem, temos de perguntar: Quantos anos alguém fica esperando num banco de reserva nesta vida atual? Resposta: Zero!

O coração partido se cura no momento em que pára de esperar pela outra pessoa para atingir a plenitude e viver. Todos podemos encontrar os nossos próprios mestres. Podemos nos ajudar uns aos outros. Todos somos completos dentro de nós mesmos neste exato momento.

Não há dúvida de que os seres humanos foram criados para formar pares. Entretanto, todos somos completos em nossa própria vida, e todos possuímos tudo o que é preciso para ser completos. O amor foi pervertido e transformado em co-dependência nesta sociedade. É chegada a hora da cura. Nós nos lembramos de que somos completos dentro de nós mesmos. Duas pessoas podem juntar forças para atingir um objetivo maior. Seguir os caminhos trilhados de co-dependência cria uma perda de energia. De uma forma clássica, enquanto um fornece energia, o outro se "completa". Isso nunca acontece; cada vez mais energia é dada, sem que haja retorno. No final, um dos parceiros fica exausto e vai embora, ou morre.

Todas as nossas vidas acontecem simultaneamente. É fácil explorar os dois lados do "agora". Tenho acompanhado milhares de pessoas até suas futuras encarnações. Observei algumas tendências principais. A maior parte dos que aterrissam em corpos na Terra chegam a uma cultura semelhante à cultura atlântica. Eles descrevem pirâmides de cura e uma sociedade baseada na paz, não na guerra. A conexão com civilizações alienígenas está presente. A realidade tem como base o consenso. Tenho o prazer de informar que estamos caminhando para um futuro muito brilhante e cheio de realizações.

A alma, no decorrer da linha do tempo, projetou muitos corpos. Não há nada de mais em projetar dois corpos ao mesmo tempo, e em duas localidades diferentes. Sua alma pode estar projetando um corpo em outro país, ou de um outro sexo, ou em outro planeta, no momento em que estamos aqui conversando. Na verdade, há um eixo vertical, também, que permite vivenciar a si mesmo em outras dimensões. O conceito de vidas passadas hoje é chamado de consciência multidimensional, e todos somos capazes de explorá-la. Como você inicia a viagem? Faça a seguinte pergunta: "Quem fui eu nas minhas vidas passadas?"

Segurança/Confiança

Ou você está seguro ou não está. Isso não tem nada a ver com onde você está ou com quem você está. Trata-se de mais um daqueles conceitos internos. O seu Universo está em toda parte. Você decide se está seguro ou não no seu universo. Eu estou seguro em meu Universo. Você pode ter caminhado pelas ruas de Saigon durante um ataque aéreo sem levar um só arranhão, e ter sido roubado num *shopping center* de um bairro residencial chique. Simplesmente decida que você está seguro.

A confiança faz parte da mesma categoria interior. Você pode confiar em todas as outras pessoas se admitir que elas estão em seu lugar perfeito dentro de sua curva evolucionária. A questao é: você quer trabalhar com elas no ponto em que elas estão?

Todas as lições são lembradas como um círculo de 360 graus. Se alguém estiver, digamos, a 70 graus na lição de higiene pessoal (ela cheira mal!) e você está, por exemplo, perto dos 350 graus, então você tem de se rebaixar para poder trabalhar com essa pessoa. Isso pode não ser apropriado. Alguém que esteja por volta dos 100 graus funcionaria melhor para trabalhar com essa pessoa. Você, com o seu discernimento, pode optar por não trabalhar com essa pessoa, sem, no entanto, emitir um juízo negativo sobre ela. A confiança está relacionada com a percepção de onde os outros aparentam estar em suas curvas individuais de aprendizado. A confiança é a confiança no seu próprio discernimento. Confie nele.

Poder

Todo mundo está falando em possuir seu próprio poder. Como me lembro da palavra "possuir". Eu me sentia bastante agitado. Sentia um medo que afetava cada célula, cada átomo do meu corpo. Eu tinha de fazer uma parada; entretanto, eu me apoderei desse medo totalmente. Não havia incerteza nem dúvidas. É isso o que eu quero dizer com "se apoderar".

O poder é tão importante quanto os seus dons, talentos e habilidades. É fácil apoderar-se deles. O que é ainda mais fácil de se apoderar é do verdadeiro poder humano. Ele é semelhante a Deus. É a capacidade de gerar e irradiar amor. Você pode gerar um amor que nunca existiu. Quando você faz isso, você é Deus, você está criando o Universo.

Há algum tempo, havia um homem que estava ajudando a namorada a se mudar para uma casa nova. Enquanto colocava caixas num caminhão, o ex-marido dela apareceu no jardim e apontou uma arma para o homem. O homem disse: "Eu te amo." Quando ouviu isso, o ex-marido ficou pálido e se afastou com passos lentos. Ele perguntou à namorada o que tinha acontecido.

Ela disse que estava ali, e que estava olhando para a mente do ex-marido, e que quando o homem disse "eu te amo", ele desapareceu, tornando-se invisível aos olhos do ex-marido. A expressão "Eu te amo" não tinha registro no seu cérebro; por isso, ele não conseguiu ver o homem que disse isso. Quando o homem decidiu pelo amor, e não pela guerra, ele literalmente desapareceu. O ex-marido viu o caminhão através do homem. O ex-marido nem sequer se lembrou do incidente.

A escolha tem um poder incrível quando nos lembramos de escolher a resposta que tem mais amor, não importa qual tenha sido o estímulo. Somos onipotentes. *Nosso verdadeiro poder é a nossa capacidade de gerar e irradiar amor! Apodere-se disso.*

Imaginação: o único lugar na mente humana onde não há limites

Trata-se de uma palavra muito interessante, a imaginação. Ela é a sua conexão com a "fonte". É a capacidade de se concentrar. A imaginação é a coisa mais poderosa do Universo. É ainda mais poderosa do que Deus. Podemos imaginar que Deus não existe, e criar isso como uma realidade. Imagine isso. A imaginação é o verdadeiro poder da pessoa, ela é *mágica*.

Uma pessoa pode se imaginar bem, ou rica, ou feliz. Na verdade, para ser todas essas coisas, para criar uma realidade como essa, a pessoa precisa imaginar. Através do uso da imaginação, numa fração de segundos a pessoa pode ir até o planeta Urano e voltar. Levam minutos-luz para ir do Sol até aquele planeta.

Por isso, as forças que existiam tentaram tirar o poder dessa palavra, por exemplo, com afirmações do tipo "É apenas a sua imaginação". Sim, certo.

A imaginação foi ligada à síndrome do "e o que aconteceria se..." Você foi solicitado a usar a imaginação para criar um futuro sombrio. Com que freqüência essa seqüência imaginária de acontecimentos acontece na verdade?

Aqui está outro caso: quando somos crianças, ainda criando com a nossa divindade, usamos palavras para criar o futuro. Brincando com o futuro, as crianças conversam sobre coisas que ainda não existem. Os pais nos repreendem rigorosamente por mentir. Fomos educados com a idéia de que criatividade = mentira. Mas isso acabou.

Escolher

Durante toda a nossa vida, fomos programados, tanto social, quanto geneticamente, para ter certas reações. Temos o hábito de, inconseqüentemente, usar a programação inconsciente do dia. Não é preciso mais fazer isso. Não fazemos mais isso. É isso o que significa escolher, optar.

Essa programação não é nossa. Não é o nosso pensamento. É o tipo de coisa que tem sido contado para nós desde a infância.

Nosso cérebro nos diz que não podemos acordar sem uma xícara de café. Desculpem. Será que estávamos acordados quando tivemos esse pensamento? O que essas embalagens de café estão fazendo na minha cozinha? Da próxima vez que o cérebro aparecer com uma escolha (decisão) desse tipo, pergunte quem está falando. É você, Juan Valdez? Dê a si mesmo permissão para fazer uma escolha diferente. Está tudo bem. Não optamos mais para ser programados com esse pensamento antigo e nada funcional (renascimento).

Meditação

A palavra "meditação" significa ouvir. Esse é um método pelo qual nos conectamos com a fonte. A meditação praticada regularmente representa uma chave para uma ascensão maior. Encontre um lugar confortável para meditar com freqüência. Pode ser essencial começar a meditação com a frase: "Eu, por alguns instantes, não estarei ocupado com as preocupações do mundo. Este é um tempo para mim. Algum ser de luz elevada fale comigo. Eu quero ouvi-lo. Obrigado." Guias espirituais e anjos sempre estão por perto para nos ajudar na nossa evolução. Em muitos aspectos, eles são os nossos maiores aliados.

A parábola do bárbaro

Durante muitos anos, realizei a Cerimônia de Abertura do Terceiro Olho. Nesse evento, as pessoas visualizam um campo bonito no qual há pássaros, borboletas, flores silvestres, uma tarde quente de sol e uma sensação de completa segurança. De repente, na meditação, eu me vejo nesse campo. Cristo, em Pessoa, caminha comigo. Digo a Ele que estou preocupado por ter realizado tantos eventos nos últimos anos nos quais compareceram menos pessoas do que as que haviam concordado em vir. Ele diz: "Venha comigo."

Em seguida, vejo um bárbaro, prestes a arrebentar uma porta e saquear uma cidade. Olhando no interior do bárbaro, é possível observar um cérebro menor do que o de um ser superior. Na verdade, o adjetivo estúpido não estaria fora de propósito. Mesmo assim, em sua matriz, há um propósito tão firme na sua mente, que ele precisaria estar literalmente morto para que fosse impedido de arrebentar aquela porta.

Nós, atualmente, nos certificamos da conquista de uma consciência superior colocando primeiro um dedo do pé. Então, esperamos seis meses. Colocamos dois dedos e, então, esperamos mais seis meses. Nosso bárbaro parece ter uma habilidade que não possuímos. E se escolhêssemos trabalhar em nós mesmos com o mesmo propósito firme da mente de que esse bárbaro dava mostras com tanta facilidade? E com tanta intensidade, que nada nos impedisse de conseguir uma freqüência maior?

Renascimento é o re-endireitamento da mente inconsciente disfuncional. Quando comecei o meu renascimento, senti tanta resistência, que fiquei com enjôo no carro a caminho do evento. O renascimento é certamente uma das grandes coisas que faço por mim mesmo; por isso, arranjei uma desculpa perfeita para não realizá-lo (enjôo no carro). Na verdade, quanto mais desculpas alguém arranja para não fazer alguma coisa, maior o benefício que irá receber. Trata-se de uma relação matemática de proporcionalidade inversa. As desculpas são, na realidade, o medo *per se. Ousadamente, decido tornar-me consciente. Mudo sem esforço, pela Graça!*

Fé

Durante muitos anos, rezei para que eu fosse capaz de ensinar a fé. Finalmente, minhas preces são atendidas! Você consegue lembrar-se de algum momento na sua vida em que sabia que tudo iria dar perfeitamente certo, e que você não teria dificuldade alguma? Todos ao seu redor estavam convencidos de que você estava totalmente na pior, mas, de alguma forma, você sabia que não era nada disso. Imagine agora ter esta sensação 24 horas por dia, 7 dias por semana. Você passa todo o seu tempo sabendo que tudo é resolvido com perfeição. Isso se chama fé. Eu consigo viver isso e, na realidade, sem esforço! (Observe o número de desculpas que encontramos para não ter fé.) Eu reafirmo: Durante 24 horas por dia, 7 dias por semana, você tem a certeza absoluta de que tudo está sendo resolvido perfeitamente neste exato momento. Esse estado de espírito é conhecido como fé.

Responsabilidade

Responsabilidade é a capacidade de responder. Todos nós temos essa capacidade em abundância. Essa palavra pode ter sido usada para roubar o nosso poder, especialmente na época em que você resolve ter um animal de estimação. Sempre que ela é usada, percebemos implícita uma falta dessa capacidade. Que bela ficção nós escrevemos!

Intimidade

Intimidade significa "ver-dentro-de-mim". A idade do segredo está num passado muito distante. Não há segredos no universo. Ótimo! Agora todos podemos ver o íntimo dos outros. É mais difícil não ver o íntimo do próximo. *A festa começou!*

Inteligência

Li com atenção inúmeros livros da coleção Mensa. Neles, cerca de uma centena de filósofos e estudiosos eram citados falando sobre suas definições de inteligência. A partir delas, cheguei à minha própria. Ela é – aproveite a oportunidade – a capacidade de reconhecer e aproveitar oportunidades, ponto! Em outras palavras, agarre o seu peixe! E, a propósito, obrigado por ler este livro.

SEÇÃO IV

Criatividade e Satisfação

Palavras de um novo paradigma

ATÉ AQUI, ESTIVEMOS APAGANDO palavras negativas e acrescentando outras que são muito mais úteis para nós. Esta seção é uma partida. Aqui sugerimos novas visões de pensamento – reformulações das limitações que tivemos durante toda a nossa vida. Estamos falando da verdadeira liberdade!

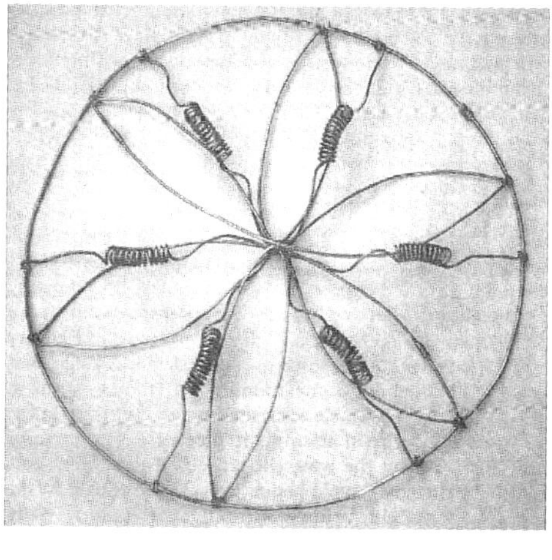

Planos

Os que estão envolvidos na criação de filhos percebem com facilidade que qualquer plano que façamos indubitavelmente será desviado de sua rota original. Só depois de termos abençoado todos os resultados possíveis é que poderemos optar. Se insistirmos que a realidade siga numa única direção, evocaremos a lei da resistência. "Tudo aquilo a que resistimos persistirá."

É através do amor por todos os resultados possíveis, pela bênção de todas as contingências que podem vir a ocorrer, que ficamos livres para optar. Isso pode ser explicado pela expressão "desligamento do resultado". Estar ligado a um resultado é falta de inteligência. Abençoe *todas e então faça a sua opção.*

Menino, menina, outro

Como todos sabemos, somos almas divinas, um perfeito equilíbrio entre a energia masculina e feminina. Para podermos encarnar, precisamos escolher o sexo do corpo. Perto da virada deste século, eles começaram a lançar dois corpos para cada alma. No corpo feminino, eles (nós) colocam energia masculina. No corpo masculino vai a energia feminina. Todos os homens são, na realidade, mulheres, e todas as mulheres, homens.

Isso significa que, se você é homem, sua parte feminina formou o seu corpo masculino. Ela o formou segundo a sua visão de homem. Pessoalmente, acho a minha *persona* masculina suficientemente atraente. Ela não deixou que eu fosse bonito demais. Sou alto e magro; entretanto, não tenho sido muito eficiente. É assim que a minha parte feminina vê um homem "digno de confiança". Quando eu estava no colegial, observava todos os meus colegas tornando-se "homens musculosos" decididamente belos. Quanto a mim, nada. Eu levantava os mesmos pesos – e nada. Isso porque o meu lado feminino associa músculos com brutalidade.

O corpo em que estamos tenta agradar a alma que o ocupa. A propósito, é por isso que todos os homens têm pernas lindas. Muitos corpos femininos deixam crescer bigodes. No campo masculino, peso e massa muscular é igual a poder. Muitas almas masculinas se sentiram envergonhadas por estar naqueles pequenos corpos femininos, e, assim, os corpos cresceram. Com isso, elas teriam peso de sobra. No campo feminino, ser esbelta equivale a ter poder.

Talvez esse tenha sido o primeiro passo na evolução da espécie humana no sentido de nos tornarmos andróginos. No universo, a grande maioria das espécies é composta de andróginos. Essa é claramente a forma mais evoluída. Há cinqüenta anos, a proporção de crianças que nasciam com os dois genitais era de uma em um milhão. Hoje em dia, é de uma em mil. Eles sempre transformam o bebê em menina, pois a cirurgia é mais fácil. Em trezentos anos, a maioria da população da Terra será de corpos andróginos. Nós já vimos preconceitos de raça, de sexo, homofobia e tudo mais... Imaginem só quando vier a androginofobia.

Na nossa vida atual, vimos a total dissolução dos papéis sexuais. Você pode ser homem e fazer qualquer trabalho, e pode ser mulher e fazer qualquer trabalho. Isso nem sempre foi assim.

Você já reparou nos jovens de hoje? Os *teenagers?* A América é o único país do mundo que usa a palavra *teenager*. É uma palavra de enfraquecimento, com certeza. Se você conseguir distinguir de que sexo é um jovem adulto, isso o deixa perturbado. Quando isso acontece, ele vai lá e coloca mais um *piercing*. Os meninos estão usando saias chamadas de *kilts*. Está surgindo um novo homem no mercado. Todas as mulheres são travestidas. Uma roupa que deixaria um lenhador cheio de orgulho é a última moda para vestir bem as mulheres.

Os que já se apropriaram de sua androginia parecem fazer par com alguém que tem uma polaridade ou masculina ou feminina. Cabe a nós mostrar para eles que é seguro agir numa modalidade ou outra, dependendo da situação. Isso pode parecer entediante para nós, pois a polaridade do outro nos força a desempenhar apenas um papel. Se dois andróginos formam um par, nós nos sentimos menos atuantes.

Uma cura verdadeira para isso é saber que as mulheres nascem com 100% dos atributos masculinos originais de fábrica, e funcionando. E vice-versa. Em seminários, pergunto às mulheres se elas desejariam que um homem as sustentasse financeiramente. Recebo um NÃO como resposta que quase me derruba do pódio. O apoio financeiro tem sido uma energia masculina tradicional. Quando pergunto aos homens se eles permitiriam que uma mulher os sustentasse totalmente, recebo respostas como: "Quem é essa mulher?" "Você tem o número do telefone dela?"

Lembre-se de que, para assumir os atributos do outro sexo, não é preciso abrir mão de nada. A matriz do outro sexo é adicionada àquela que já possuímos. Não há nenhum movimento pendular. Há apenas equilíbrio.

Sexo, sexo, sexo

Você começou lendo a partir deste ponto, não foi? Nós adoramos buscar o prazer. Desculpem roubar energia com esta pergunta. Ela foi tão engraçada. Eu simplesmente não resisti.

O sexo foi inventado para que o corpo também pudesse partilhar o amor que sentimos por outra alma. Quando "fazemos amor", é exatamente isso o que fazemos. Fazemos amor! O amor é gerado nesse intercâmbio. Nós nos enchemos de alegria e júbilo com esse amor. Quando fazemos amor, uma espiral de energia ascendente é criada no plano astral. Quando há concepção, uma alma desce por essa espiral até a encarnação.

A razão de o sexo ser tão proibido é que ele é muito importante. Ele é divino. É sagrado. Ao se fazer amor, abrem-se portas de outras dimensões. Fazer amor é uma meditação divina. Ele nos liga às nossas freqüências mais elevadas.

No século III, um colégio de cardeais anunciou que se uma mulher tivesse um orgasmo com um homem, esse homem poderia roubar-lhe a alma. Naturalmente, a Igreja estabelecida "tentou" tornar o sexo uma coisa errada. Naturalmente, fracassaram. O fato de estarmos proibidos de fazer amor garantiu o nosso interesse. Na realidade, tecnicamente, a palavra proibido significa "faça às escondidas".

Os vitorianos elevaram a supressão a novos patamares. Houve uma época em que toda a Terra estava dominada por uma visão do sexo marcada pelo tabu. O sexo não é de nenhum modo sujo, errado, e você não fica cego por causa dele.

A repressão sexual não é mais a norma. Por acaso, não amamos a sensualidade que existe entre nós? Todo, TODO, T-O-D-O tabu sexual é um mito quando o amor está envolvido. Lembre-se de desfrutar o sexo. Ame o seu corpo. Ame pelo bem do seu corpo! O seu corpo também o ama.

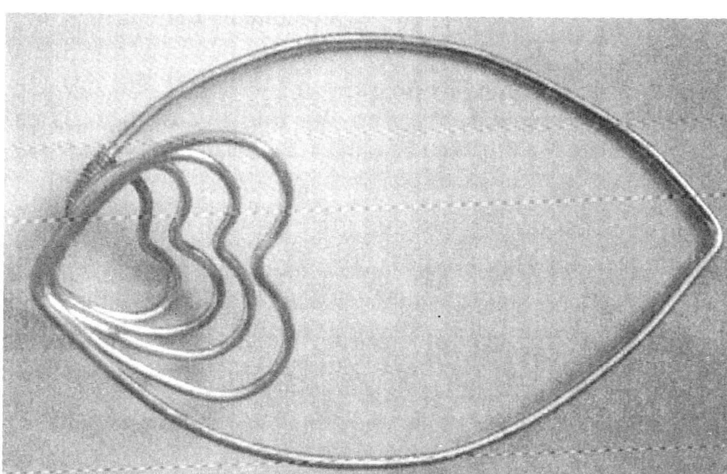

Poderes telepáticos

A espécie humana tem mais ligações telepáticas do que você imagina. As pessoas simplesmente não têm palavras para se apropriar desse conceito. Ele tem sido mantido virtualmente invisível. Imaginemos que você está muito apaixonado por alguém. Isso significa que você está telepaticamente *muito* ligado a essa pessoa.

Digamos que a pessoa amada está atrasada. Naturalmente, você faz um contato telepático com ela e a "ouve" dizer alguma coisa como: "Desculpe-me, querido. Vou chegar daqui a uma hora."

Na verdade, você *ouviu* a pessoa que você ama dizer que está atrasada; mas, mesmo assim, você continua preocupado.

Se o telefone tivesse tocado e você tivesse ouvido fisicamente a voz da pessoa amada, sua preocupação acabaria. Entretanto, você já tinha *"ouvido"* a mensagem! Você *não* confia, ou não se apodera de sua habilidade telepática. Mas ela funciona perfeitamente! E não custa nada!

Todos nós temos amigos. A gente pensa em alguém e, então, o telefone toca. É o seu amigo! Na verdade, estávamos numa transmissão telepática até que o telefone tocou.

Somos roubados pela companhia telefônica por causa de nossa capacidade telepática. (Você não está ouvindo a campainha?) Que tal se apoderar da sua capacidade telepática? Podemos confiar mais na nossa capacidade telepática do que na companhia telefônica. Não há virtualmente nenhuma palavra em inglês que descreva esse tipo de comunicação.

É possível fazer uma ligação, e aquele velho feitiço das bruxas é mais do que verdadeiro. Diga o meu nome em voz alta três vezes, sinta o amor que existe entre nós, e eu virei carinhosamente falar com você. É melhor do que qualquer 0900. Todos estamos perfeitamente ligados pela telepatia.

Respiração de satisfação

Nenhuma quantidade de alimento, dinheiro, sexo, drogas, álcool, cigarros etc. será satisfatória. Todos estamos "tentando" preencher uma lacuna que não existe. Mais uma vez, fomos enganados. De repente, torna-se óbvio que a satisfação é interior, e não exterior. Ou estamos satisfeitos ou não estamos.

Nos anos 30, os cigarros Lucky Strike inventaram uma campanha publicitária baseada na seguinte expressão: "Satisfação de Fumar." Eles conseguiram nos envolver numa cortina de fumaça, é verdade. O que nós chamamos "ar de satisfação" é semelhante a uma tragada num cigarro, só que sem fumaça.

Às vezes, quando estamos pegando no sono, inspiramos profundamente e depois expiramos com uma sensação de Ahhhh! Essa é a respiração de satisfação. Se quiser, faça uma agora. Inspire pelo nariz até que os pulmões fiquem completamente cheios. As costelas têm como que uma sensação de alegria. Solte o ar pelo nariz, dizendo ahhh!!! É uma sensação verdadeiramente maravilhosa. É a satisfação interior. Desfrute-a e pratique-a com freqüência. Essa é a verdadeira satisfação. É tudo de que precisamos para incorporar o conceito: "Estou satisfeito com a minha vida." Você pode se desligar de qualquer sentimento de falta pensando nisso e fazendo uma respiração de satisfação. É a própria renovação.

Desfrute a verdadeira respiração de satisfação.
A qualquer hora, é grátis e também libertadora.

Nossa respiração pode ser usada para nos ligar a uma intenção. Pense numa intenção. Agora, simplesmente respire e torne-a real... É fácil.

A pessoa que respira: Faça sete respirações seguidas de satisfação, prenda a última inspiração e programe o corpo para ser "alimentado". Então, enquanto estiver soltando o ar, você estará pleno, completo, realizado.

Tempo

Enquanto somos bebês, existimos num estado abençoado de atemporalidade. Quando aprendemos a ver as horas, ficamos atrelados ao relógio pelo resto da vida. Quando papai ou mamãe diz que está na hora de ir para a cama, não fazemos a mínima idéia acerca do que eles estão falando. Afinal de contas, passamos todo o dia desfrutando do nosso bom estado de espírito. Então, começa a indignação contra o tempo. Quando chegamos à idade adulta, nos tornamos cronicamente atrasados, ou cronicamente adiantados. Isso também é uma indignação contra o tempo, uma rebelião inconsciente.

Em primeiro lugar, nunca nos foi dada uma informação a respeito do tempo. Quando o ponteiro de um relógio se move cerca de três milímetros, dizemos que se passou um minuto. Isso não é verdade. O que aconteceu foi que a máquina chamada relógio mediu uma distância linear de três milímetros, não um espaço de tempo.

Naturalmente, vem a pergunta: "O que é o tempo?" Tempo é arte. Você sente isso no seu corpo? Pois o tempo é usado para criar, magistralmente. Uma coisa é certa: tempo não é dinheiro. Esse é um dos maiores engodos que existem. Tempo é consciência. Nós criamos a consciência.

Tempo, no sentido do universo, é a pulsação emitida constantemente numa velocidade fixa. Um relógio de cristal de quartzo é um exemplo disso. O tempo viaja através da galáxia sob a forma de onda. A idéia é "pegar a onda" e cavalgá-la. O tempo realmente não tem nada a ver com o espaço. Viajar no espaço é saltar de um lugar para outro sem esforço, através do pensamento, dentro da mesma onda.

A educação que recebemos na verdade não fazia diferença entre tempo e espaço; quando nosso veículo fica mais lento no trânsito (fica mais lento no espaço), na verdade nós reagimos tornando o tempo mais lento. Raiva é sempre igual a desinformação. E assim, a falta de conhecimento sobre o tempo é a verdadeira fonte da enorme frustração que todos sentimos num congestionamento.

A viagem no tempo

Quando você cria a consciência, cria o tempo, também. Por exemplo, se você alguma vez já teve um emprego no qual você voltava para casa exatamente às cinco horas, você sabe que um minuto para as cinco era o mais longo minuto do dia. Como isso é possível? Como é que o tempo pode variar dessa forma? É a consciência que varia.

Se você está no momento presente, no lugar que deseja, e fazendo aquilo de que gosta, você está num estado de atemporalidade. Igual à época em que você era um bebê.

Você já passou pela experiência de fazer uma viagem com a família e descobrir que, de algum modo, a viagem demorou muito menos tempo do que o normal? O que aconteceu? Você não correu mais do que o habitual. Mais uma vez, foi a sua consciência. Observe como você aumenta e diminui o tempo. Se você está se divertindo, o tempo voa. Se está indo para algum lugar para o qual não quer ir, o tempo, e a viagem, se arrastam por um período interminável.

Se você vir uma placa na estrada informando que você está a 212 milhas de Manhattan, você programará tantas voltas do pneu, uma certa quantidade de gasolina, tantas horas. Quando você inconscientemente programa esse tipo de coisa, isso se torna realidade. Você chega até a programar o momento exato em que seu traseiro começa a doer. Você fica preso na armadilha do tempo linear. A armadilha é "esperar" para chegar. Quando você está no "agora", está num constante clima de "quem já chegou".

Como é possível programar-se numa realidade diferente? Como posso fazer isso de acordo com a minha vontade? Opa! Eu queria dizer: "livre-arbítrio". Como você resolve chegar a tempo no lugar do seu destino? Esta cláusula não faz parte de um jogo de risco. Todavia, a resposta é: "Qual é o projeto que não pode sofrer mudanças?" O projeto que não pode sofrer mudanças é a Geometria Sagrada, o alicerce do Universo, combinada com vontade e decisão.

Como posso viajar no tempo com o meu veículo? Crie a bolha do tempo em torno do seu carro. Dentro dele, o tempo segue num ritmo diferente do de fora. Não é uma questão de relógio. Não diz respeito a velocímetros, a odômetros. É uma questão de fluxo. Está relacionado com brincadeira, com desfrute. A boa música ajuda. Você chegará, sem sentir o tempo passar. O truque está em permanecer no agora. No momento em que você fizer uma pausa para olhar o velocímetro, ou o relógio, ou mesmo pensar no quanto ainda falta para chegar, você não vai mais estar no agora, na atemporalidade. A magia da onda foi rompida.

Depois que você ensinou uma criança a ver as horas, quando você a levar de carro a qualquer lugar, só o que você vai ouvir é: "Falta muito pra chegar?" "Falta muito pra chegar?" A criança foi pega pela armadilha do tempo e está simplesmente mostrando para você a sua frustração. Afinal de contas, a vida é a celebração da viagem, e não a medida da distância até o destino.

Estamos moldando uma nova compreensão do tempo. Trata-se do tempo quadridimensional. Trata-se da aplicação da Consciência do Amor em qualquer situação. Vamos chamá-lo de tempo galáctico ou consciência do tempo.

Como a galáxia pode ter sido criada pela repentina expansão da matéria (a teoria do Big-bang), o universo modelou o tempo para nós. Pense no tempo como uma esfera que está em constante expansão, sendo que o centro exato da esfera é o momento presente. E a superfície da esfera é o futuro. A idéia de viajar através do espaço é uma questão de optar pelo raio mais conveniente para se chegar ao ponto da superfície que você escolheu. Essa esfera do tempo é o modelo de bolha do tempo que envolve o carro tridimensional.

No tempo linear, a única forma de se ir do portal A ao portal B é viajar numa linha reta. Aparentemente, nos prenderam numa linha do tempo, como se estivéssemos ao longo de um único diâmetro na esfera, como no mostrador de um relógio.

Imagine o modelo do tempo galáctico, onde todos os sistemas estelares estão no mesmo agora. É o mesmo tempo em toda a galáxia. Você já deve ter ouvido falar em tempo galáctico. As palavras: "Diário do capitão... Data estelar: 28 ponto 53 ponto 6" não significam nada para você?

"Agora" é encontrar a sua arte. Compreender o tempo é criar a sua arte.

O momento oportuno

Parafraseando Shakespeare, o mundo é um palco e toda criatura desempenha nele vários papéis. Eu gostaria de acrescentar três coisas. Primeira, cenários e figurinos são muito importantes. Segunda, cada pessoa escreve o seu próprio papel; portanto, crie um papel principal. Papéis de figuração podem ser bastante chatos. Terceira, o momento oportuno é tudo. Um papel e uma brincadeira são a mesma coisa.

Momento oportuno... se alguma coisa ainda não tiver de acontecer, então, nenhuma vontade fará com que ela aconteça. Na verdade, tentar realizar alguma coisa cujo tempo ainda não chegou é um processo chamado de "comportamento obstinado". Esse conceito é mencionado na seção "sem esforço", na página 59.

Se estamos trabalhando para completar um projeto, e o momento oportuno ainda não chegou, fique atento à sua capacidade de prestar atenção. Quando perceber que o cansaço está chegando, faça uma pausa. É muito mais útil para todos se você optar por não entrar em colapso. Trata-se da compaixão por si mesmo. Tudo é uma questão de momento oportuno. Um sinônimo de diplomacia é momento oportuno.

Autoridade

Autoridade = saber. A palavra respeito significa literalmente olhar de novo. Desrespeito é a recusa de olhar de novo. Vamos examinar de novo a autoridade. Havia duas razões pelas quais respeitávamos alguém. Uma era o medo, a outra, o amor. Queremos reconhecer alguém como figura de autoridade sem levar em conta o medo. Respeitamos alguém porque gostamos dessa pessoa.

Nesta era da informação, é impossível ser autoridade em tudo. Para que possamos trabalhar em grupo, concordamos em delegar autoridade. Esse funcionamento, essa criação conjunta é semelhante ao reconhecimento do saber de uma outra pessoa no que se refere a algum assunto em particular. Isso é criar conjuntamente a autoridade.

É importante conhecer a nossa posição com relação à autoridade e não entregar nosso poder a ela. Nosso relacionamento tem como base o amor. Gostamos de alguém que adquiriu conhecimento para ser uma autoridade em alguma área. Por isso, podemos nos beneficiar do conhecimento, sem que precisemos ter lido todos os livros etc.

O capitão Picard é amado por concordar em desempenhar um papel de modelo: "Um ser humano que, em nenhuma circunstância, opta por abandonar o poder pessoal." Quando Picard foi torturado pelos cardasianos, quando foi transformado num Borg, quando todos perderam suas identidades, ele não desistiu do seu poder.

Quando desafiamos a autoridade, entregamos nosso poder a ela. Desafiar a autoridade de outra pessoa é demonstrar o medo que temos de não possuirmos nossa própria autoridade. Quando afirmamos que alguém está errado, nos colocamos na condição de errado. Costumávamos nos armar e entrar em guerra contra todos aqueles com quem não concordássemos. Éramos viciados em estar certos. Toda discussão era baseada no medo de que não tivéssemos autoridade.

No instante em que desafiamos uma autoridade, reconhecemos nela uma autoridade maior do que a nossa. Como todos somos regidos por nós mesmos, não há necessidade de sermos controlados de fora, e não há nenhuma vantagem em desafiar uma autoridade.

Quando a vida se torna um constante atrito com pessoas dotadas de autoridade, é porque não temos a nossa própria autoridade. Por isso, ela é criada externamente.

O corpo físico tem um sistema de memória para a lição de autoridade. É a nuca! O número de anéis na pele da garganta representa o número de vidas passadas nas quais desafiamos uma autoridade e fomos decapitados ou enforcados. Reconheça a lição da autoridade e livre-se desses anéis.

Você nunca disse que uma pessoa "é dura de engolir"? Você estava se referindo a uma figura de autoridade que estava tentando fazer com que você se lembrasse de um acontecimento passado. Aparentemente, você o esteve desafiando, ou então não teria tido essa sensação. DOR = MEDO. Desafiar a autoridade de alguém faz com que essa pessoa se torne uma autoridade.

Ter o seu poder não faz mal a ninguém. Todos somos basicamente iguais. Todos somos parte de Deus e não estamos separados d'Ele.

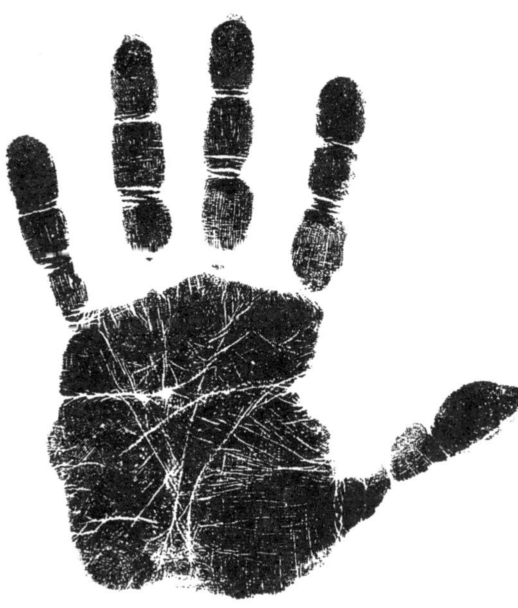

A mão esquerda do autor

Eu sou a minha própria autoridade. Reconheço outras autoridades. Todos compartilhamos a autoridade. A autoridade baseia-se no conhecimento. Fisicamente, temos autoridade sobre o nosso corpo; nós o conhecemos de cor, e isso é expresso no nosso contato visual. Isso não tem nada a ver com o diploma que enfeita a parede, nem com o uniforme que usamos. Perceba que pode parecer impossível olhar para os olhos de alguém se não acreditamos em nós mesmos.

A palavra "autor" é obviamente uma forma reduzida de "autoridade". Na condição de alguém que concordou em desempenhar o papel de autor, eu me reconheço como uma autoridade falando e escrevendo em inglês. Ao ler este livro, obrigado por realizar essa criação conjunta como possuidor dessa autoridade. O retorno é sempre muito bem-vindo.

Eu poderia relacionar um grande número de diplomas ao lado do meu nome. Fui ordenado três vezes. Certa vez, pensei em colocar todo o alfabeto depois do meu nome (bem, pelo menos as vogais). Porque falo inglês. Que tal colocar as suas iniciais depois do seu nome? Você é a maior autoridade sobre você mesmo.

Todos somos iguais. Todos temos um Ph.D. em muitas áreas. Quando estou com meus colegas, deixamos que cada um de nós seja uma autoridade em determinado assunto. Cada um traz as suas histórias para contar ao redor da fogueira. Obrigado por deixar que eu traga este livro para a sua fogueira.

Ordem = permissão de criação = co-criação
Permissão para dar ordens

Em determinadas circunstâncias, é apropriado pedir permissão. Certamente, eu pediria permissão antes de entrar na Câmara Real da Grande Pirâmide do Egito. Ou em qualquer outro espaço sagrado que exista. Trata-se de um protocolo, de uma negociação cerimonial, e é essencial.

Cada vez que você movimenta o seu corpo, você dá ordens. Você é totalmente Deus no seu universo individual. Com o amadurecimento da propriedade do seu poder pessoal, torna-se possível comandar o éter. É permitido aos seres humanos dar ordens. Pelo seu próprio poder. Ordem e permissão se equilibram. Permissão significa "pela nossa missão". Ordem significa "Deus junto com o homem ou a mulher".

Depois de sentir conscientemente o Amor da Terra (permissão), caminhe sobre ela com os pés descalços. Ordene a seu corpo que se ligue com a mãe. Sinta a energia subindo pelas pernas. Molde essa energia numa esfera no chakra da kundalini. Mova, então, essa esfera para cima, até o chakra do coração.

Sinta o amor do pai (permissão) surgindo através do seu chakra da coroa. Sinta-o no coração. Então, levante os braços e ordene a seu corpo que se ligue ao pai Universo. Clame ao Universo dizendo que você está curado. "Sinta o fluxo!"

Mas, espere! E se eu não conseguir terminar este livro? Eu acho que preciso tentar. E quanto ao karma? Oh, não ligue; provavelmente, é só a minha imaginação. Ou talvez tenha sido apenas a minha sorte. Vou modular a minha freqüência e sintonizá-la em outro canal. Amor para todos nós!!

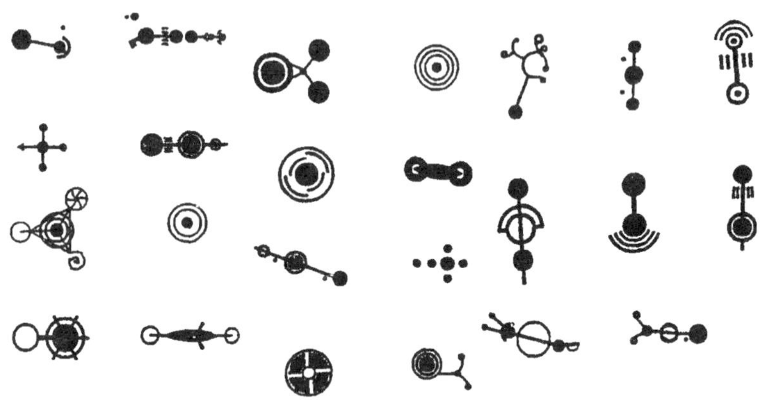

Estes são os Círculos de Colheita. Não é preciso conhecê-los. Não é preciso estudá-los. Basta olhar para que eles ativem o novo DNA.

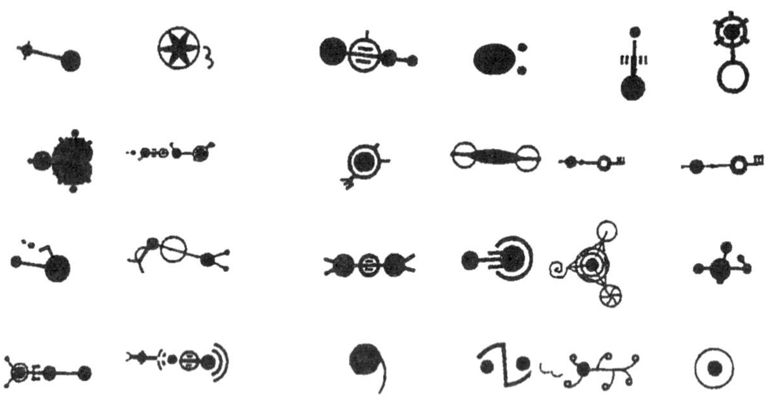

TENHA UMA FELIZ ENCARNAÇÃO

Fim

Fim? Isso não existe. Portanto, os inícios também não existem. Os pensamentos de início e de fim também são mitos. Eles tornaram a nossa realidade muito fragmentada. Para que não percebamos mais a realidade formada de início e fim, libertemo-nos. Se pararmos de usar conceitos como início e fim, todos viveremos como o oceano, não como gotas isoladas.

Para ter sucesso, crie uma mudança
Fale a Linguagem da Luz,
Viva a Vida da Luz
Eu amo você além da imaginação.
E através de toda lembrança

Nossa História não é o nosso destino.
Conscientemente, aproprie-se
do poder da fala!
Bênçãos para todos Nós

PROCLAMAÇÃO DE EMANCIPAÇÃO

A PARTIR DESTA DATA, EM PROCESSO OFICIALIZADO POR ESTE DOCUMENTO,

____

fica declarado livre de todas as formas de escravidão, servidão, contratação espúria, restrição, maldição, feitiço, culpa ou obstrução de qualquer tipo desta vida presente, ou de qualquer outra. Além do mais, esta existência é *sui juris,* com pleno controle de sua livre vontade e criadora de 100% da sua vida.

Autoridade local: ______________________ Data ____________

Concorda e assina: ______________________ Data ____________

Testemunhado por: ______________________ Data ____________